A.H. Kamp

Schleiermachers Gotteslehre - kritisch dargestellt

A.H. Kamp

Schleiermachers Gotteslehre - kritisch dargestellt

ISBN/EAN: 9783744619691

Hergestellt in Europa, USA, Kanada, Australien, Japan

Cover: Foto ©ninafisch / pixelio.de

Weitere Bücher finden Sie auf **www.hansebooks.com**

Schleiermachers Gotteslehre

kritisch dargestellt.

--

Dissertation

zur Erlangung der philosophischen Doctorwürde

an der

Georg-Augusts-Universität zu Göttingen

von

A. H. Kamp.

Magdeburg.

Druck: Faber'sche Buchdruckerei A. & R. Faber.

1876.

Schleiermacher geht in der Construction seiner Gottesidee aus von der Idee des Wissens und Wollens. Dieses ist darum auch unser naturgemäßer Ausgangspunkt behufs der hier beabsichtigten kritischen Darstellung seiner Gotteslehre. Von der Idee des Wissens und der des Wollens aus postulirt er ein Absolutes. Das Wissen, sagt er (Dialektik, ed. v. Jonas, §. 87), ist dasjenige Denken, welches a) vorgestellt wird mit der Nothwendigkeit, daß es von allen Denkensfähigen auf dieselbe Weise producirt werde, und welches b) vorgestellt wird als einem Sein, dem darin gedachten, entsprechend, mag dieses Sein nun, so führen die Vorl. 1831 D. p. 48—49 aus, physisches Sein (Sein als Gegenstand des Denkens, sofern es von der Wahrnehmung ausgeht), oder ethisches (Sein als Gegenstand des Denkens, sofern es Wollen wird) sein. Diese beiden Merkmale, die Gleichmäßigkeit der Vollziehung des Denkens und die Uebereinstimmung desselben mit dem Sein constituiren das Wissen nur zusammen (Vorl. 1818 D. p. 44). Die Identität des Denkens und Seins ist aber das Grundmerkmal des Wissens*), und dieses kommt für uns hier allein in Betracht. Eine solche Uebereinstimmung und Identität des Denkens mit dem Sein setzt aber eine Einheit, ein Inceinander beider, des Denkens und Seins, voraus. Diese Einheit ist uns gegeben im Selbstbewußtsein, denn das Selbstbewußtsein widerlegt die Behauptung: Uebereinstimmung des Gedankens mit dem Sein sei ein leerer Gedanke wegen absoluter Verschiedenheit und Incommensurabilität beider (D. §. 101). Das Selbstbewußtsein umfaßt nämlich als seine wesentlichen Momente das Denken und Sein, denn bei jeder Selbstbesinnung des Menschen erscheint er sich als ein Denkendes und Gedachtes d. h. Seiendes zugleich, ist also denkendes Sein und seiendes Denken (D. p. 397 cf. §. 103). Dieses beides ist im Selbstbewußtsein, im Ich des Menschen vorhanden (Vorl. 1818 D. p. 78), und weil dieses ein einiges ist, auch als Einheit vorhanden. Diese Einheit ist nicht Selbstthat des Menschen, sondern etwas Gegebenes. Der letzte Grund für

---

*) So ausdrücklich die Vorl. 1831 D. p. 44: Die Identität des Denkens mit dem Sein ist eigentlich das Grundmerkmal — des Wissens —, die Uebereinstimmung im Denken dagegen, oder die Ueberzeugung, das Maß für die geschichtliche Entwicklung des Denkens.

1*

4

diese im Selbstbewußtsein empirisch gegebene Einheit von Denken und
Sein ist nach Schl. eine transcendente, über alle Lösung erhabene Ein=
heit beider Seiten. Jene ist ein Gegebenes und auf Grund dessen ist
eine letzte Einheit von Denken und Sein, oder, was dasselbe ist, von
Idealem und Realem, von Subject und Object, mit unbedingter Noth=
wendigkeit zu postuliren als Grund und Voraussetzung jeder bestimmten
und endlichen Einheit von Denken und Sein. Er setzt, so sagt er Vorl.
1818 D. p. 78, die Identität jener höchsten Differenz voraus zum Be=
hufe des Wissens oder als Bedingung der Realität des Wissens.

Zu demselben Resultate gelangt Schl. bei seinem Ausgange von
der Idee des Wollens. Auch dieses ist eine Uebereinstimmung zwischen
Denken und Sein. Es ist identisch mit dem Wissen, insofern sowohl in
diesem wie in jenem eine Beziehung zwischen Denken und Sein gegeben
ist. Aber während im Wissen das Sein die active und das Denken die
passive Seite, ist im Wollen das Sein die passive und das Denken die
active Seite (D. p. 519), d. h. während im Wissen das Sein in das
Denken, wird im Wollen das Denken in das Sein hineingetragen und
zur Einheit mit demselben erhoben. Auch die im Wollen gegebene Ein=
heit von Denken und Sein läßt eine höhere, eine absolute Einheit dieser
beiden voraussetzen als ihren transcendenten oder transcendentalen*),
über jede bestimmte, gegebene Einheit von Denken und Sein hinaus=
liegenden, schlechthin jenseitigen Grund. Der Grund des Zusammen=
stimmens unseres Wollens zum Sein, heißt es D. §. 214, 1, daß näm=
lich unser Thun wirklich außer uns hinausgeht, und daß das äußere
Sein für die Vernunft empfänglich auch das ideale Gepräge unseres
Willens annimmt, dazu liegt der Grund nur in der rein transcendentalen
Identität des Realen und Idealen.

Daß diese beiden Einheiten, die zum Behufe des Wissens und die
zum Behufe des Wollens zu postulirende, identisch sein müssen, versteht
sich von selbst. Schl. fordert und begründet diese Identität D. §. 214, 2.
Wäre sie, sagt er, nicht vorhanden, so wären nicht nur Denken und
Wollen verschieden begründet, sondern auch jedes zwiefach, insofern jedes
zugleich das andere ist. Denn das eine wie das andere ist ja eine Ueber=
einstimmung des Denkens und Seins. Es bliebe also, wie Schl. richtig
folgert, eine Duplicität gesetzt, welche entweder wieder in einer höheren
Einheit gegründet sein müßte — und diese wäre dann erst der wahre
transcendentale Grund für das Wissen und Wollen — oder welche das
Dasein zerschnitte (D. p. 518—19).

Die Idee des Wissens also und die des Wollens sind die Stand=
orte, von welchen aus Schl. seinen Blick zu dem Absoluten erhebt. Aber
was trägt nun dieses Absolute, diese postulirte Einheit von Denken und
Sein, von Geist und Natur, für eine charakteristische Form? Sind
beide Seiten in dieser Einheit noch unterschieden, oder sind sie schlechthin

---

*) Die beiden Ausdrücke „transcendent" und „transcendental" gebraucht Schl.,
den von Kant fixirten Unterschied derselben fallen lassend, ganz identisch.

unterschiedslos verknüpft? Schl. behauptet das Letztere, und zwar mit besonderem Accente. Das Absolute ist ihm eine reine Indifferenz von Denken und Sein, es ist die absolute Negation dieses Gegensatzes. Es steht weder nach Außen noch nach Innen in einem gegensätzlichen Ver= hältnisse. Denn in jenem Falle wäre es nicht das absolut Allgemeine sondern ein Beschränktes, und in diesem würde es auch durch die Unter= schiedenheit seiner selbst in die Sphäre des Endlichen hinabgezogen. Mehr als diese abstracte Indifferenz von Idealem und Realem, von Geist und Natur, von Denken und Sein, meint Schl. nicht vom Absoluten aussagen zu können. Weder bei dem Ausgange vom Wissen, noch bei dem vom Wollen aus kann er etwas von ihm prädiciren.

Es kann nicht gewußt werden, denn einmal steht das Wissende gegenüber dem Gewußten, in der Idee des absoluten Seins ist aber eine Identität von Begriff und Gegenstand (D. §. 152), und sodann herrscht im Gewußten selbst noch immer ein Gegensatz. Nur das Gegensätzliche kann in die beiden Formen des Wissens, den Begriff und das Urtheil, eingehen.

Das Wesen des Begriffes besteht nach D. §. 145 alinea 1 darin, daß er eine Aussonderung einer Einheit des Seins aus der unbestimmten Mannigfaltigkeit ist, welche aber selbst wieder Mannigfaltigkeit in sich trägt und als Theil mit Anderem eine höhere Einheit bildet. Der Be= griff faßt also das Mannigfaltige zu einer Einheit zusammen und kann seinerseits mit coordinirten Begriffen wieder einem höhern subordinirt werden. Es giebt in Folge dessen zwei unerreichbare Grenzen des Be= griffs, eine obere, die schlechthinige Einheit — ohne Mannigfaltigkeit, und eine untere, die unerschöpfliche Mannigfaltigkeit — ohne Einheit (D. §. 147 alinea). Diese kann wegen des Mangels an Einheit oder Allgemeinheit, jene wegen des Mangels an Mannigfaltigkeit nicht im Begriffe erfaßt werden. Dem Denken im Begriffe mit dem Gegensatze der Einheit und Mannigfaltigkeit entspricht nun das Sein unter der Form von Kraft und Erscheinung. Wie der niedere Begriff im höhern seiner Möglichkeit nach gegründet ist und in der Mannigfaltigkeit näherer Bestimmtheit jenen zur Anschauung bringt, der höhere aber eine productive Zusammenfassung der niedern ist, so ist auch das niedere Dasein ein das höhere zur Anschauung bringendes, oder dessen Erscheinung, und seiner Möglichkeit nach nur im höhern gegründet, und das höhere ist der productive Grund oder die Kraft zu einer Mehrheit der Erscheinung (D. §. 181). Wir können also unter der Form des Begriffes um nichts wissen, als nur wiefern wir es als Kraft oder als Erscheinung setzen (Vorl. 1818 D. p. 121). Der unteren Grenze des Begriffes entspricht die Materie schlechthin (Vorl. 1818 D. p. 118), denn die chaotische Materie erscheint nicht mehr, sondern ist blos Grund der Erscheinung, blos das, was gedacht werden könnte, wenn es Gestaltung gewänne. In der chaotischen Materie ist nur gesetzt der unbestimmte Grund aller organischen Affectionen, also der Grund zu einer Mehrheit von Ur= theilen, aus welchen Begriffe erst gebildet werden können, also vor allem

Begriffe von unten her (D. §. 185, 2). Sie kann also nicht im Begriffe erfaßt werden. Der oberen Grenze des Begriffs aber, der schlechthinigen Einheit, entspricht das Absolute. Wie ein allgemeiner Begriff in anderer Beziehung ein besonderer sein kann (D. §. 182), wenn er nämlich mit coordinirten einem noch allgemeineren untergeordnet wird, so kann auch jede substantielle Kraft als Erscheinung betrachtet werden. Darum können wir von der unteren Basis der Begriffssphäre zu immer extensiveren, immer mehr Erscheinungen unter sich einenden Kraftbegriffen aufsteigen. Die höchste Kraft, zu der wir auf diesem Wege kommen, liegt noch im Gebiete des Begriffs, nicht darüber hinaus. Sie ist also noch immer Glied des Gegensatzes, nur daß sie nicht zugleich Erscheinung ist. Diese Kraft entspricht aber nicht jener Grenze des Begriffs, denn die höchste Kraft kann gedacht werden, die Einheit an der Grenze des Begriffs nicht (Vorl. 1818 D. p. 118).

Auch das Urtheil kann dieses Höchste nicht erfassen. Das Urtheil besteht aus Subject und Prädicat. Das Subject enthält ein für sich gesetztes Sein. Je mehr Sein in dem Subjecte gesetzt ist, desto weniger ist von ihm ausgeschlossen und also als von ihm prädicabel gesetzt. Setzt man also ein absolutes Subject, so ist in dem bereits alles Sein gesetzt und nichts mehr von ihm zu prädiciren. Das Prädicat ist ein in einem andern gesetztes Sein. Je mehr aber in einem andern, desto weniger ist für sich selbst gesetzt. Setzt man also das Maximum des Prädicats, so bleibt kein Subject übrig. Hieraus ergeben sich zwei un= erreichbare Grenzen des Urtheils. Auf der unteren Seite eine Un= endlichkeit von Prädicaten, für welche das Subject fehlt, und auf der oberen Seite ein absolutes Subject, von welchem keine Prädicirung mehr möglich ist (D. §. 157—163). Dem Denken der Urtheilssphäre ent= spricht als Sein das gemeinschaftlich Gesetzte, das Veränderliche, das Zusammensein, vorgestellt unter der Kategorie von Ursache und Wirkung in ihrer Gegenseitigkeit (D. §. 193, 4). Das System dieses Seins ist die Totalität der Actionen. Steigt man in diesem so tief, daß man auf solchen problematischen Zustand des Seins kommt, daß noch kein Subject da ist, dem etwas könnte beigelegt werden, so ist man unterhalb des Urtheilsgebietes gekommen in den gestaltlosen Stoff (Vorl. 1818 D. p. 142). Dieses ist die bloße, chaotische Materie (D. §. 203), zwar nicht die empirische, aber die logische Voraussetzung für die Fülle der Erscheinungen. Sie kann nicht in der Form des Urtheils gewußt werden, weil ihr das gestaltende Princip, die verursachende Kraft fehlt. Das Höchste ferner, was auf diesem Gebiete gefunden werden kann, das höchste Subject, ist die Totalität aller Ursachen. Aber diese ist noch nicht das Absolute. Das Absolute ist vielmehr verschieden von jener höchsten Ursache oder höchsten Subjecte, weil die höchste Ursache aufgeht in ihrer Wirkung, ja erst durch diese Wirkung zur Ursache wird, und das höchste Subject in der Totalität des unter ihm ge= setzten Causalitätsverhältnisses (D. §. 202, 2). Die Gottheit liegt noch über dieser absoluten, die Totalität der Ursachen und Wir=

tungen unter sich begreifenden Urfache hinaus, und ist darum vom
Urtheile unerreichbar.*)
Auch noch von einer anderen Seite stellt Schl. das Abfolute als
dem Wiffen unzugänglich dar. Jedes Wiffen befteht aus zwei Momenten,
einem organifchen und einem intellectuellen. Die Thätigkeit der organifchen
Function ohne alle Vernunftthätigkeit ist noch kein Denken (D. §. 108),
und die Thätigkeit der Vernunft, wenn man sie ohne alle Thätigkeit
der Organifation fetzt, wäre kein Denken mehr (D. §. 109). Im Ge=
danken des höchsten Wesens ist — nun aber — alle organifche Thätigkeit
negirt (Vorl. 1818 D. p. 60 cf. p. 163), weil es eben absolute
Einheit ist mit Ausschluß aller Mannigfaltigkeit; und auf diese Weise
gefaßt ist es auch kein wirkliches Denken (D. §. 114 alinea 1). Es
ist nicht als einzelner Gedanke in uns, fondern blos als Grund des
Denkens.
Alles was Schl. darum von der Gottheit ausfagt, foll nur un=
beftimmt Negatives fein. Er will Gotte weder ein Denken noch ein Sein,
weder Activität noch Paffivität, weder Geift noch Natur zuschreiben, denn
dann wäre er das Ideale gegenüber dem Realen oder das Reale gegen=
über dem Idealen, und nicht blos die Persönlichkeit (D. p. 155, 158,
529, 533; Schl's. Leben in Briefen Bd. II. p. 344: Brief an Jacobi

---

*) In der obigen Darftellung ist behauptet, daß die höchfte Einheit, die höchfte
lebendige Kraft, als der höchfte Begriff, und die höchfte Urfache, die höchfte Caufalität
des Seins, als das höchfte Subject, noch innerhalb der Begriffs- und Urtheilsfphäre
liegen. Daß diefe Betrachtungsweise sich bei Schl. findet, geht aus dem obigen zur
Genüge hervor; aber es findet sich auch noch eine andere bei ihm, nach welcher
nämlich die höchfte lebendige Kraft und die höchfte Urfache des Seins felbft oberhalb
der Begriffs- und Urtheilsfphäre liegen, also nach dem oben gefundenen Sprach=
gebrauche felbft deren Grenzen sind. Sehr klar ist dies ausgefprochen Vorl. 1818
D. p. 136, wo es von demjenigen, von dem nichts mehr prädicirt werden könne im
eigentlichen Urtheile, das also alle Gemeinfchaftlichkeit des Seins unter der höchften
Einheit des Seins befaße, folglich dem höchften Subjecte heißt, daß es über dem
Gebiete des Urtheils liege, und ebenso von der höchften Einheit, zu der alles Uebrige
nur Erfcheinung fei, daß sie über dem Gebiete des Begriffes liege. Die Differenz
zwifchen diefer und der obigen Betrachtungsweise ist für unfere Frage irrelevant,
mußte aber doch anmerkungsweise berührt werden. Gewichtslos ist sie für unfere
Unterfuchung der Gotteserkenntniß, d. h. des Verhältniffes des Abfoluten zum Wiffen,
befonders in fo fern, als auch hier, wo die Einheit des Seins und die höchfte lebendige
Kraft felbft außerhalb des Gebietes des Wiffens liegend angefehen werden, diefelben
doch dem Abfoluten nicht gleichgefetzt sind. Diefe Gleichfetzung negirt er vielmehr
ausdrücklich. Suchen wir nun eine Erklärung für diefe Differenz der Auffaffung, fo
glauben wir ihren Grund darin fehen zu müffen, daß die höchfte Kraft und die
höchfte Einheit des Seins einerfeits in fo fern als der höchfte Begriff und das höchfte
Subject angefehen werden konnten, als sie felbft Alles unter sich befaffen, und
andererfeits in fo fern als kein Begriff und kein Subject mehr, als jenem die
Mannigfaltigkeit der Merkmale und diefem die Fähigkeit, ein Prädicat zu empfangen,
mangelt, d. h. also, in fo fern sie wohl dem Inhalte, aber nicht der Form nach
Begriff und Subject sind (Vorl. 1818 D. p. 99). Auch die Vorl. 1822 (D. p. 233)
bezeichnen die Grenze des Denkens als die abfolute Einheit des Seins eingefchloffen
alle Entgegenfetzung. Diefe ist aber die Idee der Welt, im Gegenfatze zu welcher
die Idee der Gottheit die Einheit ohne alle Entgegenfetzung ist.

cf. System der Sittenlehre ed. v. Alex. Schweizer p. 165), sondern auch die Freiheit (D. p. 432, 529) meint Schl. von seinem Absoluten fern halten zu müssen. Kurz, die abstractesten Abstractionen prallen ohnmächtig und vergeblich ab bei allen Anläufen auf die Erkenntnis jener schlecht-hinigen Indifferenz. Wollte er ein Bild davon gestalten, so würde das, meint er, nur Poetisches*), oder einen Begriff, so würde der nur lauter Negatives rhetorisch enthalten, und das Alles, weil er sie dadurch in die Bestimmtheit, d. h. in die Gegensätzlichkeit und somit in ihr eigenes Gegentheil, die Negation der Indifferenz, hinabzuziehen und sie so be-grifflich aufzuheben fürchtet.

Von diesem Gesichtspunkte aus beurtheilt er nun die verschiedenen in der Geschichte aufgetretenen Gotteslehren, und hebt sie dialektisch auf. So zunächst die pantheistische Construction der Gottesidee, sowohl die, welche auf Seiten der abstracten Begriffe zu Stande kommt durch Auf-steigen in den Gegensätzen, als die, welche auf Seiten der lebendigen Begriffe zu Stande kommt durch Aufsteigen von den Gattungen zur Einheit der weltbildenden Kraft. Jene setzt das Reale und Ideale als die beiden höchsten Gegensätze und steigt von diesen auf zu einer Einheit, welche diese unter sich befaßt und ihrerseits keine mehr über sich hat; diese, aus der Coordination des Organischen und Unorganischen die Einheit des Weltkörpers gewinnend und dann fortschreitend zur Pluralität der Weltkörper, setzt als Einheit die weltbildende Kraft, in welcher der Gegen-satz zwischen Begriff und Gegenstand aufgehoben sein solle, weil das reale Denken selbst ja nur ein Moment der organischen Natur sei. Allein, so polemisirt Schl., jene Einheit kam nur in dem correspondirenden Sein des Idealen und Realen, und diese absolute weltbildende Kraft kann nur mit den untergeordneten der verschiedenen Weltkörper zugleich und durch sie sein, d. h. sowohl diese wie jene trägt die Form des Begriffs an sich und entspricht somit nicht der Gottheit**) (D. S. 183—84).

Dies ist auch der Fehler der Gotteslehre, welche, der vorigen schein-bar entgegengesetzt, die Gottheit nicht als höchste Einheit der Kraft, sondern als das höchste Sein, das ens summum, und die Welt nicht als ihre Erscheinung, sondern als ihr Werk setzen will. Denn setzt sie dieser Gottheit die gestaltlose Materie gegenüber, und läßt in diese, d. h. in ihre unbestimmte Mannigfaltigkeit durch die Gottheit Einheit und Vielheit gesetzt werden, so ist zunächst zu bemerken, daß in dieser Materie

---

*) cf. Monol. 6. Ausg. p. 18: Der Gedanke, mit dem sie die Gottheit zu denken meinen, welche sie nimmer erreichen, hat doch die Wahrheit eines schönen Sinnbildes von dem, was der Mensch sein soll.

**) Unter die zweite Art der hier bekämpften pantheistischen Constructionen der Gotteslehre rechnet Schl. 1818 (Vorl. 1818 D. p. 118) auch die spinozistische. Die spinozistische Gottheit, so äußert er sich hier, sei nichts als jene höchste Kraft. Anders 1814 (D. §. 184, 5). Hier schließt er die spinozistische Construction aus-drücklich von den oben besprochenen aus. Sie sei, sagt er damals, bloße Formel, deren Beurtheilung darum nicht an diese Stelle, d. h. nicht in eine Reihe mit der Kritik der oben besprochenen gehöre.

neben dem realen zugleich das ideale Moment, neben dem Raumerfüllen=
den zugleich das Zeiterfüllende gesetzt werden muß, weil ja sonst das
Bewußtsein aus dem Dinglichen, aus dem blos Raumerfüllenden ab=
geleitet und erklärt werden müßte, was eine Unmöglichkeit ist. Doch
gesetzt, diese Erweiterung des Begriffs der Materie wäre erlaubt, so
ist dann aber die Gottheit nicht mehr die absolute Einheit des Seins,
weil sie ja bedingt ist durch die Materie. Den speculativen Grund
dieser Vorstellung sieht Schl. auch — merkwürdiger Weise — in dem
verkehrten Beginnen, die Gottheit zum obersten Punkte auf der
Seite des Begriffs zu machen, in der Meinung, dadurch müsse die
ganze Reihe des erscheinenden Endlichen begriffen (Vorl. 1818 D.
p. 118 f.) werden.

Derselbe Irrthum, die Gottheit als im Begriffe erfaßbar, als die
höchste, von allen Schranken entbundene Kraft anzusehen, haftet auch der
Gotteslehre an, welche Gott als den Schöpfer der Welt aus Nichts
betrachtet. Denn ist Gott der Schöpfer der Welt, dann ist die Welt,
so urtheilt Schl., seine Offenbarung, seine Totalerscheinung, und Gott
consequenter Maßen nichts Anderes als die Kraft, welche die Erschei=
nung producirt. Sonach scheitert auch diese Construction an der That=
sache, die Gottheit in eine Reihe mit dem Systeme der substantiellen
Formen, mit dem dem Begriffe entsprechenden Sein hinabgezogen zu
haben. (Vorl. 1818 D. p. 119.)

Auf den irrigen Gedanken, die Gottheit liege als das höchste Sub=
ject in einer Reihe mit dem dem Urtheile entsprechenden Gebiete des
Seins, führt Schl. die Bezeichnung Gottes als Schicksal oder als Vor=
sehung zurück. Denn als Schicksal gefaßt ist er das die Totalität aller
Causalität unter sich Begreifende unter der Form des Bewußtlosen, als
Vorsehung ist er dasselbe unter der Form des Bewußten. Beide Fassun=
gen sind darin gleich, daß sie Gott als das höchste Subject, als die
höchste Ursache, als den höchsten Grund setzen, der seinerseits selbst keinen
Grund hat, worin aber Alles durch Nothwendigkeit gegründet ist: sie
unterscheiden sich darin, daß die eine diesem letzten Grunde Bewußt=
losigkeit, die andere Bewußtsein zuschreibt. Aber eben diese Gegen=
sätzlichkeit von Gegenstand und Bewußtsein, die in diesen Formen der
Idee Gottes gesetzt ist, beweist ihre Mangelhaftigkeit. Sucht man dieser
dadurch zu entgehen, daß man den Gegensatz aufheben und beide Pole
vereinigen will, so geht die Bestimmtheit des Gedankens verloren, denn
das höchste Wesen zu denken in einer Indifferenz von Bewußtsein und
Bewußtlosigkeit sind wir außer Stande*) (D. S. 202, 1—2: Vorl. 1818
D. p. 136).

---

*) Anders die Darstellung 1822 (D. p. 420 f.). Hier wird der Unterschied von
Schicksal und Vorsehung nicht mit dem von Bewußtlosigkeit und Bewußtsein identi=
ficirt, sondern diese Identität bleibt ausdrücklich dahingestellt. Hier ist das Schicksal
die transcendente Basis des der Urtheilssphäre entsprechenden Seins, die Schl., weil
alles Sein, sofern es das Urtheil repräsentirt, Nothwendigkeit in sich trägt
(D. S. 195 p. 420, auch bezeichnet als gebärende Nothwendigkeit, aus der Freiheit nur

So vermag also das Absolute nicht einzugehen in das Denken und Wissen des menschlichen Geistes. Aber es ist ja auch der transcendente Grund für unser Wollen. Kann es vielleicht von diesem aus erfaßt und in Folge seiner transcendenten Begründung desselben näher in seiner indifferentistischen Einheit erkannt werden? Auch dies verneint Schl. Dieses fordert schon das Verhältnis des Wollens zum Wissen. Nur das Gewußte kann gewollt werden. Das Wollen in seiner Voll-kommenheit hat nur Gedachtes zum Inhalte. Denn wer nicht weiß, was er will, hat nur ein unvollkommnes Wollen (Vorl. 1831 D. p. 41). Das Wollen participirt darum an denselben Eigenschaften, wegen deren das Denken das Absolute nicht zu erreichen vermag, nämlich der Form der Bestimmtheit resp. der Gegensätzlichkeit (D. p. 428). Abgesehen von der Gegensätzlichkeit des Wollenden und Gewollten ist das Wollen stets ein Wollen von etwas Bestimmtem und darum Gegensätzlichem. Der Inhalt des Wollens ist ein bestimmter Zweck, eine bestimmte Tugend. Aber als keines von beiden kann das Absolute gewollt werden. Ein Wollen auf das Absolute gerichtet wäre gleich Null. (Vorl. 1818 D. p. 156.) Schl. weiß allerdings auch vom Wollen aus „Formeln" für das Absolute zu finden, nämlich die des absoluten Gesetzgebers und des absoluten Künstlers. Das Wollen hat sein Leben nur in den Indivi-duen, nur in einzelnen Willensacten, ist also stets individuell gefärbt. Aber diesem individualisirten und so differenzirten Wollen liegt ein es unter sich verknüpfendes, allen Willensacten identisches Gesetz zu Grunde, welches, da es als Grund der Modificabilität der Dinge nicht in der menschlichen Natur gesetzt sein kann, hinweist auf einen absoluten Gesetz-geber, und, insofern das Gesetz mit der Natur zusammenstimmt, auf einen absoluten Weltordner als Weltkünstler. Aber diese Formeln führen uns nicht weiter wie die vom Denken aus gefundenen, nämlich die Formel des Gesetzgebers nicht weiter als die der absoluten Kraft, des absoluten Weltschöpfers, und die des Weltordners nicht weiter als die der Vorsehung. Das Inadaequate ist aber auch an jenen Formeln selbst nachzuweisen. Bei der ersten liegt es darin, daß der Gesetzgeber nicht gedacht werden kann ohne natürlichen Widerstand, und bei der zweiten darin, daß die Conception der Weltordnung nicht gedacht werden kann ohne eine Differenz zwischen ihr und der Ausführung. (D. §. 217, 2 Beil. C. L.)

Es ist also das Resultat beim Wollen dasselbe wie beim Denken. Weder in diesem noch in jenem wohnt die Möglichkeit, das Absolute zu erfassen, welches sowohl im Wollen wie im Wissen nur in Form

als ein Schein hervorgehe, um immer wieder darin unterzugehen. Vorsehung da-gegen ist das höchste Subject, insofern es, da es nichts Praedicables außer sich hat, keine Nothwendigkeit, sondern absolute Ausschelbstentwicklung ist. Nicht in ihm, sondern in dem ihm Untergeordneten gibt es Nothwendigkeit, die durch Coordination bestimmt ist. Beide nun, sowohl Schicksal als Vorsehung, entsprechen nicht dem absoluten Sein, weil sie sich nur auf die Geschichte, d. h. das Gebiet von Ursache und Wirkung — gegenüber der substantiellen Form — erstrecken.

der transcendentalen Begründung ist. Aber was weder dem Wollen noch dem Denken möglich ist, das leistet unser drittes geistiges Vermögen, das Gefühl. In ihm haben wir das Absolute. Das Gefühl ist frei von jeder Bestimmtheit und Unterschiedlichkeit, die den Denk- und Willensacten anhaftet. Im Gefühle sind Denken und Wollen zur Indifferenz ausgeglichen, und darum ist dieses der Ort für die Erfassung, die innere Erfahrung des absoluten indifferenten Seins. Um es zu verstehen, was es heißt, im Gefühle seien Denken und Wollen zur Indifferenz ausgeglichen, müssen wir uns genauer orientiren über die Stellung, welche dasselbe nach Schl. in dem Organismus der geistigen Functionen und dem Entwicklungsgange des Menschen einnimmt.

Die erste Stufe der geistigen Entwicklung bezeichnet Schl. als einen Gefühlszustand, in welchem das animalische Leben noch das vorherrschende, das geistige aber das zurückgedrängte ist, in welchem Gefühl und Anschauung (Christl. Glbe, 3. Ausg., I. §. 5, 1) noch nicht getrennt sind, Empfindung und Wahrnehmung, subjectives und objectives Bewußtsein noch im ungesonderten Dunkel in einander ruhen (Psychol. ed. v. George p. 88). Er ist die Vorstufe des noch nicht erwachten gegenständlichen, sinnlichen (Chr. Gl. I. p. 24), reflectirten (D. p. 429) Bewußtseins, welches als objectives Bewußtsein Denken und Wollen, und als subjectives Selbstbewußtsein sowohl die selbstischen wie geselligen wie auch die Naturgefühle umfassend erscheint. (Psych. p. 70 ff., 82 ff., 182 ff., 212, 460 ff.) Auf dieser zweiten Stufe setzt sich der Mensch als Einzelnen in Gegensatz zu Andern, als das ideale Sein in Gegensatz zu dem realen, sich von diesem unterscheidend wie das Subjective vom Objectiven. Das Charakteristische dieser Stufe ist also die Selbstdiremption des Menschen in die Seiten des Geistes und der Leiblichkeit, die Unterscheidung seiner selbst als bewußten Ich von der Außenwelt, und die Auffassung dieser Außenwelt wiederum als etwas in sich selbst Gegensätzlichen (objectives Bewußtsein), und endlich die Gegenüberstellung des fühlenden Subjects und des in dem Gefühle entgegengesetzten Objects (subjectives Bewußtsein).

Aber dieses ist noch nicht der Höhepunkt der Entwicklung des Menschengeistes. Auf diese zweite Stufe folgt noch eine dritte — jedoch ohne daß hierdurch die zweite Stufe, wie dieses mit der ersten beim Eintritte der zweiten der Fall ist, aufgehoben und dadurch unmöglich gemacht würde — nämlich die des Gefühls im specifischen Sinne oder des unmittelbaren Selbstbewußtseins. In diesem haben wir die absolute, mit dem Merkmale des Gegensatzes nicht behaftete Empfänglichkeit für das Absolute. (Psych. p. 82 ff., 182 ff.; Chr. Gl. I. §. 5: D. p. 429.)

Zwischen ihm und dem primitiven Gefühlszustande, den Schl. auch den Zustand der Empfindung oder des thierartig verworrenen Selbstbewußtseins nennt, besteht eine große Verschiedenheit. Aehnlich sind beide darin, daß sie beide Negationen des Denkens und Wollens sind, aber während das Gefühl in der Gestalt der Empfindung dem Denken und Wollen und den die Signatur des Gegensatzes an sich tragenden Gefühlsbestimmtheiten des subjectiven Selbstbewußtseins vorangeht, folgt das Gefühl in der Gestalt des unmittelbaren Selbstbewußtseins jenen beiden geistigen Thätigkeiten und Erscheinungen nach; während jenes das Subjectivpersönliche ist im bestimmten Momente, auf bloßer Affec= tion, auf organischer Erregung beruht, und sich noch nicht entwickelt hat zu einem Gedanken oder Entschlusse, so haben wir in diesem die beiden Gegensätze des Denkens und Wollens so wie auch die des subjectiven Selbstbewußtseins als aufgehoben verknüpft.

Noch deutlicher wird der Begriff dieses Gefühls durch eine genauere Gegenüberstellung der zweiten Stufe. Dieser steht es gegenüber wie das Gegensatzlose dem Gegensätzlichen. Auf jener Stufe faßt der Mensch sowohl das eigene Ich wie die Außenwelt gegenständlich und darum gegensätzlich auf; nicht blos die letztere, sondern auch das erstere, denn einmal steht das vorstellende Ich gegenüber dem vorgestellten, und so= dann wird das vorgestellte Ich wieder in sich selbst gegensätzlich auf= gefaßt, insofern es seinen fließenden Bestimmtheiten gegenübergesetzt wird, und dieses nicht blos beim objectiven, sondern auch beim subjec= tiven Bewußtsein. Anders ist es mit dem unmittelbaren Selbstbewußt= sein. Dieses faßt nichts in Gegensätzen auf. Auch dieses ist ein Be= wußtsein um das Ich und um die Bestimmtheiten des Ich — darum Selbstbewußtsein genannt —, aber weder das Ich noch das das Ich Bestimmende wird gegenständlich aufgefaßt, sondern das fühlende Ich schließt sich mit dem Gefühlten und dem es Bestimmenden zu einer lebendigen, gegensatzlosen Einheit zusammen. Das unmittelbare Selbst= bewußtsein besteht in einem unmittelbaren Sichbestimmtfühlen, welches also allerdings ruht auf einem Bewegtwordensein, kurz, das Gefühl ist der Ausschluß aller Gegensätzlichkeit und darum der Ort für die ununterschiedliche, gegensatzlose Auffassung der absoluten Indifferenz.

Von dem ursprünglichen Gegebensein des Absoluten im Gefühle erklärt sich nun nach Schl. auch die Einheit, die bestehen muß in der scheinbaren Zweifachheit der Begründung, die dem Absoluten zukommt für das übrige Geistesleben, nämlich einerseits für das Wissen und andrerseits für das Wollen, welche Einheit nothwendig statuirt werden muß, weil sonst nicht nur Denken und Wollen verschieden begründet wären, sondern auch jedes zwiefach, in so fern jedes zugleich das andre ist (D. §. 214, 2). Diese Einheit nun ist im Gefühle gegeben, so daß in diesem das Gesetztsein des Absoluten im menschlichen Geistesleben zu einem einfach=einzigen erhoben ist. Im Gefühle ist die Identität des Denkens und Wollens gegeben, es ist der Nullpunkt, aus dem Denken und Wollen einerseits hervorgeht und zu dem es andrerseits als zu seinem Ruhepunkte zurückkehrt. Da der transcendentale Grund auf beide zugleich geht, bemerkt Schl. ausdrücklich, muß er auch als beides zugleich gesetzt sein. Wir haben aber keine andre Identität von beiden als das Gefühl, welches im Wechsel als der letzte Grund des

Denkens und der erste des Wollens auftritt, und umgekehrt. Wie also
einmal das Gegebensein des Absoluten im Gefühle jene zweifache
Begründung des menschlichen Geisteslebens durch das Absolute erklärt,
so wird jenes andrerseits auch postulirt durch das Verhältnis des Gefühls
zum Denken und Wollen.

Aber nicht in jedem unmittelbaren Selbstbewußtsein können wir
Gott haben, sondern nur in einer einzigen Gestalt desselben. Schl.
kennt zwei Species dieses unmittelbaren Selbstbewußtseins. In der
einen wird eine absolute Abhängigkeit ausgesagt, in der andern sind
Freiheitsgefühl und Abhängigkeitsgefühl, beide in relativer Potenz und
Wechselwirkung, gesetzt. In jedem Selbstbewußtsein, heißt es Chr. Gl. I,
p. 16, sind zwei Elemente, ein Sichselbstsetzen (ein Sein) und ein
Sichselbstnichtsogesetzthaben (ein Gewordensein). Diesen zwei Elementen
entsprechen im Subjecte selbst dessen Thätigkeit und Empfänglichkeit.
Die Bestimmtheiten des Selbstbewußtseins, welche ein Afficirtsein der
Empfänglichkeit des Subjects aussagen, sind Abhängigkeitsgefühle, umgekehrt sind die, welche eine Selbstthätigkeit aussagen, Freiheitsgefühle.
Freiheitsgefühle absoluter Art gibt es nicht, denn es ist keine Selbstthätigkeit möglich, ohne einen Gegenstand, auf den sie sich erstreckt.
Dieser kann uns aber nicht gegeben sein ohne eine Einwirkung auf
unsere Empfänglichkeit. Das Gegentheil könnte nur eintreten, entweder
wenn der Gegenstand durch unsere Thätigkeit überhaupt erst würde, was
aber immer nur bedingungsweise geschehen kann, oder wenn ein schlechthiniges, alle Abhängigkeit leugnendes Freiheitsgefühl enthalten wäre
in der Aussage über eine Bewegung von Innen heraus. Allein, sagt
Schl., diese ist jedesmal bedingt durch vorhergehende Erregung unserer
Empfänglichkeit, und selbst die Gesammtheit unserer innern freien
Bewegungen ist nicht unser Werk, sondern ist bedingt durch unser ganzes
Dasein, welches doch nicht unsre That ist.

Aber obwohl kein absolutes Freiheitsgefühl, so giebt es doch ein
absolutes Abhängigkeitsgefühl. Wenn der Gegenstand, von dem es uns
in Abhängigkeit versetzt, etwas Einzelnes ist, so versteht es sich von
selbst, daß wir in Bezug auf diesen auch Freiheitsgefühl haben. Selbst
wenn es uns in Beziehung setzt zu der Gesammtheit des Seins, so
haben wir auch hier das Bewußtsein, diesem gegenüber selbstthätig, d. h.
frei sein zu können. Ja sogar von den Weltkörpern meint Schl. sagen
zu können, daß in demselben Sinne, in dem sie auf uns einwirken, wir
auch auf sie ein Kleinstes von Gegenwirkung ausüben. So kennt unser
gesammtes Selbstbewußtsein gegenüber der Welt oder ihren einzelnen
Theilen kein absolutes Abhängigkeitsgefühl. Und doch behauptet Schl.
das Vorhandensein eines solchen in uns. Es gibt nach ihm (Chr.
Gl. I. p. 19) ein unsre gesammte Selbstthätigkeit, also auch, weil diese
niemals Null ist, unser ganzes Wesen begleitendes, schlechthin alle
Freiheit verneinendes Selbstbewußtsein, und dies ist eben ein Bewußtsein
schlechthiniger Abhängigkeit, das Princip aller Gotteserkenntnis und
aller Religion. Dieses, das liegt nach allem Gesagten klar auf der

Hand, kann nicht die Wirkung eines uns irgend wie gegebenen Gegenstandes sein, und in der That sagt Schl. auch, daß dieses absolute Abhängigkeitsgefühl nur ein unbestimmtes „Woher" seines Ursprungs enthalte. Es ist in ihm, behauptet er, nur mitgesetzt ein schlechthiniges Woher unseres empfänglichen und selbstthätigen Daseins; dieses Woher bezeichnen wir mit dem Ausdrucke Gott (Chr. Gl. I. §. 4—5).

So in der Glaubenslehre, und zwar in völliger Uebereinstimmung mit der Dialektik (cf. bes. D. p. 429—30), und auch mit der Psychologie. In ersterer nennt er p. 430 jenes Gefühl ebenfalls ausdrücklich all= gemeines Abhängigkeitsgefühl, und in letzterer spricht er p. 211, cf. Beil. B. 45 von der Andacht als einem Sichverlieren in das Unendliche, mit dem Bewußtsein verbunden, daß hier eine jede Reaction völlig unstatthaft ist. Anders freilich noch in den Reden über Religion. Hier faßt er die Gottheit auch zwar schon als das Gegensatzlose, aber noch nicht als das abstract Indifferente, alle Gegensätze absolut Negirende, sondern als das Allsein, den Weltgeist, die Totalität der wirkenden Kräfte, in welcher also die Gegensätze noch eingeschlossen sind. Darum kann er hier die Gottheit auch Universum nennen. Auch in den Reden ist das Gefühl, welches er in diesen aber bisweilen noch mit der Empfindung identificirt, indem er diese beiden Functionen des Geistes, das Empfinden und Fühlen, noch nicht in dem streng unterschiedenen Sinne wie später in der Glaubenslehre faßt (steht doch in den Reden der Satz: Es giebt keine Empfindung, die nicht fromm wäre, außer sie deute auf einen krankhaften, verderbten Zustand des Lebens), das Princip der Gotteserkenntnis, Religion und Frömmigkeit. Aber statt als absolutes Abhängigkeitsgefühl tritt das die Gottheit erfassende Gefühl in den Reden blos als das Gefühl der Einheit des Subjects und alles Endlichen mit dem Unendlichen, mit dem All auf. Das Ein und Alles der Religion ist, heißt es Reden über d. Relig. 6. Ausg. p. 58 cf. p. 42, alles im Gefühle uns Bewegende in seiner höchsten Einheit als Eins und dasselbe zu fühlen, und alles Einzelne nur hierdurch vermittelt, also unser Sein und Leben als ein Sein und Leben in und durch Gott. Wenn er in den Reden Gott und Welt getrennt zu setzen scheint, indem er z. B. redet von einem Wirken Gottes im Menschen, vermittelt durch das Wirken der Welt auf den Menschen (p. 58), so ist eine solche Trennung doch immer nur eine begriffliche. Sachlich fallen ihm dort die Gottheit und das Universum zusammen. Nun ist aber von dem Universum keine absolute Abhängigkeit möglich nach Schl., also ist das Wesen der Religion zwar Gefühl, aber nicht absolutes Abhängigkeitsgefühl, sondern nur das Gefühl des Einssein mit dem Unendlichen. Das Gefühl, sagt er, sofern wir in ihm die einzelnen Momente des Seins haben als ein Wirken Gottes in uns vermittelt durch das Wirken der Welt auf uns, dies ist unsere Frömmigkeit.

So ist es nicht zufällig, daß er in den Reden dieses Gefühl nicht, wie in den späteren Schriften, schlechthiniges Abhängigkeitsgefühl nennt*). In der Dialektik und der von dieser abhängigen Glaubens-lehre war diese Fassung des Gefühls apodiktisch gefordert durch den indifferentistischen, jegliche Gegenwirkung abschneidenden Gottesbegriff. Durch die Bezogenheit nun des schlechthinigen Abhängigkeitsgefühls auf das sinnliche Selbstbewußtsein gelangt Schl. zu Aussagen über die Gottheit, welche sich ihm ergeben aus der Bestimmung der Art, das schlechthinige Abhängigkeitsgefühl auf sie zu beziehen (Chr. Gl. I. §. 50). Die auf diesem Wege entstandene Gotteserkenntnis trägt dann aber in allen ihren besondern Momenten solche Bestimmungen an sich, welche dem Gebiete des Gegensatzes angehören, in dem das sinnliche Selbst-bewußtsein sich bewegt. Alle Aussagen über die Gottheit haben einen anthropopathischen Charakter und darum keinen Anspruch auf objective Gültigkeit, sondern nur auf eine subjective, d. h. sie haben nur Gültigkeit für die, in denen sich jenes absolute Abhängigkeitsgefühl vorfindet, nämlich für die Frommen. Wir sind hier an einen sehr precären Satz gelangt. Zwar vindicirt Schl. diesen Aussagen des frommen Selbst-bewußtseins ihre volle Berechtigung. Aber der sie rechtfertigen sollende Satz ist selbst sehr precärer Natur. Es ist der Schlußsatz des Zusatzes zu Chr. Gl. I, §. 5. Die Frommen seien sich bewußt, nur im Sprechen das Menschenähnliche nicht vermeiden zu können, in ihrem unmittelbaren Selbstbewußtsein aber hielten sie den Gegenstand von der Darstellung gesondert. Allein ist dieses unmittelbare Selbstbewußtsein reines Gefühl, so ist überhaupt kein Gegenstand in demselben, ist es aber schon denkender Natur, so muß die Gottheit in ihm ebenso und nicht anders enthalten sein, wie im sinnlichen Selbstbewußtsein, also nach Schl. auf inadaequate Art. Wenn Schl. ferner als Grund für die Berechtigung jener Aus-sagen anführt, daß ohne diese Selbstständigkeit des Gefühls auch die höchste Stärke des gegenständlichen Bewußtseins und des aus sich heraus-tretenden Handelns nicht gesichert sei (Chr. Gl. I, p. 32), so könnte dies wohl eine Triebfeder sein zur Construction objectiver Gültigkeit jener Aus-sagen, aber nicht ein Beweis für die Berechtigung derselben trotz der Entbehrung des speculativen Gehaltes, den wir doch in allen Aussagen des frommen Selbstbewußtseins ganz bestimmt nachgewiesen sehen müssen, wenn anders sie nicht rücksichtslos gestrichen werden sollen.

Treten wir nun ein in die Prüfung des absoluten Abhängigkeits-gefühls als des Grundprincips aller dieser frommen Aussagen in Bezug auf die ihm zugesprochene Fähigkeit, das Absolute in sich zu erfahren und zu erfassen, so fragen wir, ob denn in dem Wesen desselben wirklich alle jene Forderungen erfüllt sind, welche Schl. machen zu müssen glaubte, wenn anders man Gott in einem der Vermögen des menschlichen Geistes erfassen wolle. Liegt in dem Ausdrucke „abhängig" nicht schon, daß das Ich sich Gotte gegenüberstellt? Liegt in dem Ausdrucke „Gefühl"

---

*) Dies erst in einer jener der 3. Ausg. der Reden beigefügten Erläuterungen, in denen sich der ursprüngliche Gedankengehalt des Werkes doch wohl nicht in genauer Gestalt wiederspiegelt.

nicht schon ein Unterschied, ein Gegensatz des Fühlenden und Gefühlten? Schl. sagt: Es ist das Wesen des reinen, ungemischten Gefühls, daß das Subject aller Gegensätzlichkeit sowohl zu allen andern Dingen als auch zu dem Gefühlten selbst vergißt. Nun wohl, gesetzt, dies ist der Fall (und es findet ja auch wirklich im Gefühle der innigste Zusammen= schluß von Subject und Object statt), dann ist es aber unzweifelhaft, daß das Subject weder sich selbst noch etwas Anderes, also überhaupt kein Object, sondern bloße Afficirung fühlt. Sollen wir demnach in jener bezeichneten Species des Gefühls oder unmittelbaren Selbst= bewußtseins Gott erfaßt haben, so sagen wir: Dies ist entweder undenkbar oder nur so möglich, daß jenes Gefühl an der Gegensätzlichkeit, mit der alle denkende, bewußte Auffassung behaftet sein soll, Theil hat. Wenn Schl. Chr. Gl. 1. §. 4, 4 sagt, daß eben das in dem Selbst= bewußtsein mitgesetzte „Woher“ unseres empfänglichen und selbstthätigen Daseins durch den Ausdruck Gott bezeichnet werden soll, und dieses für uns die wahrhaft ursprüngliche Bedeutung desselben ist, so erhellt aus diesen Worten zur Genüge, daß Schl. meint, in diesem Gefühl werde der oder das Afficirende mitgefühlt, nur daß dieser der oder das nicht in concreter Bestimmtheit gefaßt wird. Dann aber muß nach dem oben ausgesprochenen Dilemma dieses Gefühl schon aus dem Urzustande, wenn wir so sagen dürfen, herausgetreten sein und sich schon in irgend eine, wenn auch noch so unbedeutende Reflexionsthätigkeit des objectiven Bewußtseins eingelassen haben. Schl. gibt dies selbst zu, wenn er D. p. 429 sagt, Gedanke und That seien nie völlig durch das Gefühl absorbirt, wodurch er sich freilich eines Widerspruchs schuldig macht, der sich durch die ganze Construction des absoluten Abhängigkeitsgefühls hindurchzieht, eines Widerspruchs, der meistens in den Kritiken nicht genügend hervorgehoben wird, indem man gewöhnlich nur einwendet, entweder daß Gott im Gefühle nicht erfaßt werde, oder daß, wenn das Gefühl wirklich das Medium der Gotteserkenntnis und der Religion sei, es nicht die Gestalt des absoluten Abhängigkeitsgefühls trage.

Zu jener ersten Behauptung, daß Gott im Gefühle nicht erfaßt werde, d. h. in diesem in gar keiner anderen Weise vorhanden sei als im Denken und Wollen, drängt Schl. selbst, wie wir sehen werden, mit Macht hin und verwickelt sich so in den Widerspruch, daß er einerseits sagt, das Absolute sei im Gefühle gegensatzlos aufgefaßt, und andrer= seits demgegenüber die eben so entschiedene Behauptung aufstellt, daß die Aussagen des Gefühls selbst auch noch inadaequat seien, daß also das Absolute überhaupt nicht erfaßt werde, einen Widerspruch, dessen Lösung er nicht, wie er zwar glaubte, gefunden hat.

Jenes unmittelbare Selbstbewußtsein nämlich, heißt es D. p. 429, ist wohl die Indifferenz von Denken und Wollen, aber nicht die absolute, sondern nur die relative. Es scheint bisweilen Gedanke und That völlig zu absorbiren, aber dies scheint nur, es sind immer Spuren des Wollens und Keime des Denkens, oder umgekehrt beides, wenn auch wieder ver= schwindend, darin mitgesetzt.

Aber sind diese darin mitgesetzt, ist dann nicht, so fragen wir, durch diese zugleich wieder die Gegensätzlichkeit darin mitgegeben? Unzweifelhaft. Wenn wir diesen hier von Schl. geltend gemachten Gesichtspunkt zum herrschenden machen, so kommen wir zu dem Resultate, daß das Gefühl, in dem die Gottheit wirklich erfaßt werden könnte, gar nicht Existenz gewinnen kann. Da dies aber nicht existirt, so würde zu folgern sein, wie Schl. selbst richtig sah, daß wir mit Gott in dem realen unmittelbaren Selbstbewußtsein in Contact treten, nicht wie er an und für sich ist, sondern daß wir ihn und ein Bewußtsein von ihm haben immer nur an einem Andern. Allein was haben dann die Aussagen des frommen Gefühls inhaltlich vor denen des Denkens voraus? Warum dann noch dem Gefühle eine bevorzugte Stellung zuschreiben in Bezug auf die Erfahrung und Erfassung des Absoluten? Zu inadaequaten Aussagen über die Gottheit kann das Denken auch aus sich selbst gelangen. Nun wird aber Chr. Gl. I. p. 8 gesagt: Außer der Erfahrung, daß es Augenblicke gibt, in denen hinter einem irgend wie bestimmten Selbstbewußtsein alles Denken und Wollen zurücktritt, muthen wir einem jeden noch die andere zu, daß bisweilen dieselbe Bestimmtheit des Selbstbewußtseins während einer Reihe verschiedenartiger Acte des Denkens und Wollens unverändert fortdauert, mithin auf diese sich nicht bezieht und sie auch nicht begleitet im eigentlichen Sinne (während es D. Beil. C. L. I. heißt: Das unmittelbare Selbstbewußtsein ist aber auch immer nur begleitend). So hätten wir also eine Selbstständigkeit des unmittelbaren Selbstbewußtseins gegenüber dem sinnlichen oder gegenständlichen. Und wenn wir nun hiermit den Satz, daß Gott im Gefühle gegeben sei, zusammenhalten, so scheint es, daß Gott in diesem selbstständig neben dem sinnlichen Selbstbewußtsein existirenden und darum von diesem in seinem gegensätzlichen Charakter untangirt bleibenden Gefühle, wenn überhaupt vorhanden, dann in seinem Anundfürsichsein gegeben sei. Schl. hat große Neigung, dies zu behaupten, und behauptet es auch wirklich. Jedoch suchen wir diese Behauptung nicht sowohl in einzelnen Stellen, von denen man ja immerhin sagen könnte, daß diese ihr Correctiv fänden an andern, jene Behauptung modificirenden Stellen, als vielmehr in dem thatsächlichen Vorzuge, den er in dieser Frage dem Gefühle vor dem Denken und Wollen zuerkannte, welcher Bevorzugung unfraglich jene Behauptung zu Grunde liegt. Allein dieser Gedanke ist unhaltbar. Schl. dachte sich das Gegebensein des Absoluten im Gefühle so, daß dasselbe erst zum Bewußtsein komme bei dem Uebergange des Gefühls in das Denken und Wollen. Allein dann ist auch erst mit diesem Uebergange das Absolute gegeben und nicht früher, und wenn es auch früher wirkte als transcendentaler Grund des Gefühls, so ist dies doch kein Erfaßtsein des Absoluten, eben so wenig wie ein Erfaßtsein des Absoluten dadurch im Wissen und Wollen vermittelt ist, daß es deren transcendentale Begründung.

Schl. selbst fühlte dies und darum vermittelt er jene beiden Gedankenreihen durch folgende Betrachtung. Bei vorausgehender Be-

hauptung eines gegenseitig unabhängigen Parallelexistirens des unmittel
baren und des sinnlichen Selbstbewußtseins nimmt er ein Bezogensein
des einen auf das andere an, und läßt nun die Aussagen des unmittel=
baren Selbstbewußtseins stets vermittelt werden durch die Bezogenheit
auf das sinnliche. Wichtig ist hierfür Chr. Gl. I. §. 5, 3. Schl. geht
hier aus von dem Satze, daß das gegensätzliche Selbstbewußtsein sowohl
wie das unmittelbare in Ununterbrochenheit vorhanden sind. Es ist
damit ein Zugleichsein beider gegeben, welches aber nicht als Verschmolzen=
sein beider gedacht werden darf. Wenn aber ein Zugleichsein und doch
keine Verschmelzung stattfinden soll, so bleibt, da beide wegen der Unge=
spaltenheit des Ich nicht isolirt neben einander stehen können, nichts
Anderes übrig als ein Bezogensein des einen auf das andere, und zwar
in der Art, daß die Momente des sinnlichen Selbstbewußtseins von dem
unmittelbaren angeeignet und aufgenommen werden. Durch diese Beziehung
bekomme jenes schlechthinige Abhängigkeitsgefühl die nöthige Begrenztheit
und Klarheit, durch welche erst das innere Aussprechen desselben ermög=
licht werde. So soll also einmal in dem unmittelbaren Selbstbewußt=
sein die Gottheit erfaßt werden in ganz anderer Weise wie im gegen=
ständlichen, und dann doch wiederum nur, insofern es bezogen ist auf
das gegenständliche Selbstbewußtsein. Der letzte Gedanke mit dem
„insofern" soll den Widerspruch ausgleichen, der liegt zwischen der
Behauptung, das Gefühl sei die Indifferenz von Wissen und Wollen
und in diesem Gefühle sei Gott gegeben, und der andern, das Gefühl sei
nur die relative Indifferenz von Wissen und Wollen, und darum das
Gegebensein Gottes in demselben nur ein inadaequates. Der
Widerspruch ist ungelöst. Wenn im absoluten Abhängigkeitsgefühle die
Gottheit nur insofern wirklich bewußt gegeben sein soll, als es in Bezogen=
heit steht zu dem sinnlichen Selbstbewußtsein, so hat Schl. nicht bedacht, daß
dann das schlechthinige Abhängigkeitsgefühl, weil selbst gegensätzlich geworden,
seinen Wesensunterschied von dem sinnlichen Selbstbewußtsein verloren hat.

Der tiefere Grund für die Entstehung jener unvereinbaren Sätze
liegt nach unserer Ansicht in einer unerlaubten, sinnverwirrenden
Abstraction. Diese ist folgende: Es gibt zwei Selbstbewußtsein, sagt
Schl., ein gegenständliches (sinnliches — gegensätzliches) und ein unmittel=
bares. Nachdem beide einmal entstanden sind, kann keins wieder ersterben.
Folglich existiren sie nebeneinander. Schon die Aufstellung von zwei
Selbstbewußtsein ist abstract. Es gibt nur ein Selbstbewußtsein, und
an demselben nur verschiedene Seinsweisen. Doch diese Abstraction ist
erträglich und nicht ungewöhnlich. Doch unerträglich ist die folgende,
daß beide selbstständig nebeneinander existiren, wenn auch stets in gegen=
seitiger Bezogenheit, und diese Abstraction mußte bei einem solchen
Schematisten, wie Schl. auf dem Gebiete der Psychologie war, noth=
wendig üble Folgen haben.

Eine fernere Verursachung jenes Mangels liegt in der schema=
tistischen Fassung des Gefühls selbst an und für sich. Es soll die In=
differenz sein von Denken und Wollen. Unser Sein als setzend in der

Indifferenz beider Formen (des Denkens und Wollens) ist das unmittel=
bare Selbstbewußtsein Gefühl, heißt es D. p. 429. Nur so kam er zu
der Behauptung, daß Gott, die absolute Indifferenz, nur im Gefühle gegeben
sei, indem er im Gefühle eine schlechthin allgemeine Setzung des Seins,
des Selbst, des Ich des Menschen sah. Allein ist das Wollen ein
Hineintragen des inneren Seins in das äußere, und das Denken um=
gekehrt, und soll dann das Gefühl die Indifferenz von beiden sein, so
kann nach dieser Construction das Gefühl nichts Anderes sein als eine
psychologische Null, in der das innere und das äußere Sein, ein jedes
für sich seiend, contactlos beharrt. Und wie will Schl. dann die, auch
von ihm besonders in den Reden über die Religion anerkannte Indivi=
dualität des Gefühls construiren oder deduciren?

Indem wir nun jene Behauptung Schl's von der das Denken
und Wollen weit übertreffenden Leistungsfähigkeit des Gefühls in der
Erfassung des Absoluten von Seiten des Menschengeistes nicht theilen
zu können glauben, so wollen wir damit selbstverständlich nicht leugnen,
daß Gott im Gefühle erfaßt werde, sondern wir wollen die Frage nur
so gestellt wissen, in welchem der geistigen Vermögen derselbe ursprüng=
lich sei. Wir meinen: Im Denken resp. Vorstellen. Eine Analyse
des Gefühlsinhaltes kann keine neue Erkenntnis geben, sondern was im
Gefühle, dem Vermögen des Geistes, vermittelst dessen sich dieser
unmittelbar mit dem im Denken und Wollen Erfaßten zusammenschließt,
ist, kann nur ein in das innerste Selbst des Menschen verpflanztes
Gedachtes resp. Vorgestelltes sein. Bevor darum das Absolute in das
Gefühl tritt, muß es eine Idee oder wenigstens eine Vorstellung geworden
sein. Aber dadurch, daß es in das Gefühl übertritt, ist die Entstehung
der Frömmigkeit gegeben. Die durch das Gefühl vermittelte Beziehung
des Endlichen auf das Unendliche ist objectiv gefaßt Religion, subjectiv
Frömmigkeit. Ist diese Beziehung blos im Denken und Vorstellen
gegeben, so ist sie noch keine Religion (denn sonst wäre jede Philosophie
Religion), sie wird erst dadurch zur Religion, daß sie das innerste
Leben des Menschen bestimmend ergreift und sich condensirt zu einem
unmittelbaren Incontacttreten des endlichen Menschengeistes mit dem
absoluten Gottesgeiste. Diese unmittelbar bestimmende Macht ist nur
im Gefühle zu finden, aber das Gefühl kann keine selbstständigen aus
sich geschöpften Aussagen machen über die Gottheit. Diese fließen alle
aus dem Denken allein. Wie denn ja auch Schl. selbst von den Gefühls=
bestimmtheiten des subjectiven Selbstbewußtseins ausdrücklich anerkennt,
daß sie basiren auf dem objectiven Selbstbewußtsein als ihrer verursachen=
den Bedingung (Psychol. p. 70 f. u. ö.).

Wenn Schl. dogmatische Sätze aus dem Gefühle ableiten zu
können meinte, so ist ihm hier eine Selbsttäuschung untergelaufen. Er
hat seine dogmatischen Aussagen über die Gottheit in der That alle
aus dem denkenden Selbstbewußtsein. Daß ihm dieses entging, beruht
auf jener abstracten Trennung des unmittelbaren und sinnlichen Selbst=
bewußtseins und der dann geforderten gegenseitigen Bezogenheit derselben.

Was er als Inhalt des unmittelbaren Selbstbewußtseins aufzeigen zu können meinte, war nichts Anderes wie die ihm in der Jugend nahegetretene, zunächst durch das Vorstellen und Denken hindurchgegangene, in das Innerste seines Selbst, das Gefühl, verpflanzte, und so zu einer individuell krystallisirten Masse condensirte Anschauung der christlichen Kirche. Aber Schl. bestimmt, wie wir sahen, das Organ der Gotteserkenntniß und den Sitz der Frömmigkeit nicht einfach als Gefühl, sondern als absolutes Abhängigkeitsgefühl. Daß dieser Satz durch die Fassung Gottes als schlechthin unterschiedslosen Seins bedingt ist und uns darum schon bedenklich werden muß, darüber kann kein Zweifel sein. Würde die Gottheit als ein in sich unterschiedenes Wesen gefaßt, so würde die Beziehung zu diesem, wenn nicht etwa andere Gründe das Gegentheil forderten, als Beziehung der Wechselwirkung aufgefaßt werden können. Aber hat Schl. nicht noch einen andern Grund zur Auffassung jenes Gefühls als absoluten Abhängigkeitsgefühls? Er scheint dies ja auch empirisch aufzunehmen (Chr. Gl. I. §. 4. 3 cf. Psych. p. 547), wenn er behauptet, wir seien uns bewußt, daß auch unsere ganze Selbstthätigkeit uns anderswoher gegeben sei. Allein eine empirische Beobachtung kann die schlechthinige Abhängigkeit nicht beweisen, und sie zeigt auch, daß ein schlechthiniges Abhängigkeitsgefühl für sich nicht das Wesen der Religion auf den höchsten Stufen ist, und darum halten wir es für unwahrscheinlich, daß das Gefühl, wenn wir in ihm die Gottheit erfassen sollten, jedesmal in jener Gestalt auftreten müßte. Unzweifelhaft ist Abhängigkeit darin mitgesetzt, oder es wäre entweder die Idee Gottes oder die des Menschen eine irrige. Wir verkennen auch nicht, daß dieses Abhängigkeitsgefühl auch wirklich das Wesentliche der Religion bildet auf den niedrigsten Stufen der geistigen Entwicklung, auf den Stufen, wo das Sein fast nur als physisch gefaßt wird, aber auf den höchsten, auf den ethischen Stufen, ist die Abhängigkeit blos ein Moment jenes Gefühls. Um das Wesen dieses religiösen Gefühls, wie es auf den höchsten Stufen der Entwicklung auftritt, in einen Begriff zu bringen, könnte man es wohl am ersten als Angehörigkeitsgefühl bezeichnen, und zwar deßhalb, weil in diesem nicht ein bloßes Machtverhältniß gesetzt ist (schlechthiniges Abhängigkeitsgefühl), sondern eine auf sittlicher Grundlage ruhende Wechselbeziehung. Schl. würde uns hier einwenden, daß, wenn auch wirklich eine solche Wechselwirkung zwischen der Gottheit und Menschheit zu setzen sei, diese doch dem Frommen nicht zum Bewußtsein komme. Allein mag immerhin die Frömmigkeit ohne dieses Bewußtsein zur höchsten Intensität gelangen, so kann doch ein solches frommes Bewußtsein nimmermehr, wie es von Schl. geschieht, zum Quellpunkte eines dogmatischen Systems gemacht werden, oder es würde destructiv wirken auf die nothwendig festzuhaltenden Begriffe der Freiheit und der daraus resultirenden Selbstverschuldung des Menschen in der Sünde, wie dies ja auch bei Schl. der Fall ist.

Soviel über die Schl'sche Lehre von der Gotteserkenntniß und den Vorzug, den er dem Gefühle in Bezug auf die innere Erfahrung des

Absoluten vindicirt. Bevor wir nun weiter gehen zur Betrachtung des Gottesbegriffs selbst, der sich trotz des negativen Resultats seiner Erkennt= nislehre dennoch wirklich in seiner Philosophie findet, des Weges, auf dem er zu diesem kommt, und der Verwendung, die er von ihm macht, im Dienste seines Systems, geben wir zunächst behufs klaren Verständ= nisses der hier angedeuteten Punkte einen kurzen Excurs über Schl's Lehre vom Idealen und Realen, dessen indifferentistisches Verbundensein das Wesen des Absoluten ausmachen soll. Schl. hält sich hier fern sowohl von dem Grundfehler des Materialismus wie dem des Idealis= mus. Er sieht weder das Ideale als bloße Evolution des Realen an, die Welt der Gedanken für ein Resultat der Gehirnschwingungen erklärend, noch betrachtet er das Ideale als das absolute Prius, als die ursprünglich für sich seiende Causa des Realen. Sowohl in der Dialektik (cf. p. 331) wie in der Psychologie (cf. p. 8—9) vertritt er diesen beiden einseitigen Polen der philosophischen Anschauungen gegenüber die Ursprünglichkeit sowohl des Realen wie des Idealen, aber nicht in dualistischer Weise, sondern unter der Form der Identität. In dieser Identitätsaufstellung sehen wir jedoch erst etwas Secundäres im Ver= hältnisse zu der Grundprämisse des stetigen Zusammenseins von Idealem und Realem, von Geist und Natur, und der Ursprünglichkeit beider.*) Wir haben daher diese beiden Annahmen zu scheiden in der Kritik. Die letztere scheint uns schwer antastbar. Schl. gelangt zu ihr von einer Analyse des Selbstbewußtseins und der Idee des Wissens. Allein dieser Weg ist zu anfechtbar, als daß man berechtigt sein könnte, ihn zu betreten. Schl. selbst stellt ihn als durch das Wollen bedingt hin. Die Annahme dieses höchsten Gegensatzes beruht bei ihm nicht auf wissen= schaftlich geführtem Nachweise (D. §. 134), sondern lediglich darauf, daß beide Elemente im Denken als unabhängig gesetzt werden, also auf dogmatistischer Grundlage, und diese ist, wie er selbst sagt, weil sie nur auf der Ansicht des Bewußtseins beruht, zuletzt Sache der Gesinnung. Wer ein Wissen, ein Denken mit Ueberzeugung im Unterschiede von anderm Denken will, wer sich selbst finden und festhalten will, und wer eine Welt im Gegensatze mit dem Ich will, muß diese Duplicität, meint Schl., wollen. Sicherer ist der physiologisch=psychologische Weg, der uns erweist, daß die Vorgänge in den Functionen des Geistes und der Sinne nur erklärlich sind durch ein Zusammenwirken des Idealen und Realen. So auf der einen Seite der Wille, das Gedächtniß, das Selbstbewußtsein, nicht aus dem Realen ohne das Ideale; ferner auch nicht das Sehen (umgekehrtes Zurückwerfen des imprimirten Bildes) und das Hören (Umsetzung der Luftbewegung in Schall). Auch auf den untersten Stufen des Seins finden wir das Ideale vertreten neben dem Realen, nämlich als die ewigen Formen und Gesetze des Realen, oder wie Schl. es bezeichnet (Syst. d. Sittenl. §. 50), als die gestaltende Kraft in demselben. Auf der andern Seite kann eine Erkenntnißtheorie

---

*) Dieser Gedanke ist ganz im Sinne Schl's. cf. Psych. p. 9.

darthun, daß die Zugrundelegung des Idealen ohne das Reale das
Erkennen nicht analysiren kann, da die Erfahrung, die Concipirung des
Realen durch das Ideale, die Grundlage aller Erkenntnis ist.

Nun fragt sich: wie sind diese Gegensätze an einander gebunden,
und wie verhalten sie sich in ihrer Ursprünglichkeit? Schl. erkannte die
Schwierigkeit dieser für die Philosophie so äußerst problematischen Frage
und antwortete auf dieselbe nur mit einem Postulate, nämlich mit der
Forderung, daß sie in dem Absoluten das absolute Band ihrer Einheit
hätten, und vermittelte außerdem die Kluft ihrer Gegensätzlichkeit durch
die Abschwächung beider Factoren in der Annahme eines blos quantitativen
Unterschiedes. Zunächst das Letzte. Er nimmt, wie wir sahen, die
Gegensätzlichkeit des Idealen und Realen dogmatistisch an und bestimmt
dann das Ideale als dasjenige im Sein, welches Princip aller Ver=
nunftthätigkeit ist, inwiefern diese durchaus nicht von der organischen
abstammt, und das Reale als dasjenige im Sein, vermöge dessen es
Princip der organischen Thätigkeit ist, inwiefern diese durchaus nicht
von der Vernunftthätigkeit abstammt (D. §. 135). Er scheint mit dieser
Definition noch eine reine Gegensätzlichkeit beider Seinsarten zu be=
haupten, und damit stimmt auch, wenn er (D. §. 132) Ideales und
Reales parallel neben einander herlaufen läßt, als Modi des Seins.
Dieser Satz klingt nämlich nur spinozistisch, ist es in Wirklichkeit nicht.
Denn Schl. will nach dem Connexe nur das „Nebeneinander" der beiden
Seiten des Seins betonen, nicht das „Modi" im specifisch spinozistischen
Sinne. Schl. kommt nämlich zu jenem spinozistisch lautenden Satze von
einer Kantschen Voraussetzung aus, nämlich der Verschiedenheit der zwei
Stämme der Erkenntnis, welche Kant Sinnlichkeit und Verstand, Schl. aber
organische und intellectuelle Thätigkeit nennt, welche Gegensätze er dann
auf das ganze Gebiet des Seins überträgt. Diesen Kantschen Dualismus
führt er durch in seiner Erkenntnislehre, aber so, daß er diese reali=
stischer gestaltet. Während Kant durch die Formen unserer Anschauung
und die Kategorien des Verstandes den aufgenommenen Stoff modificirt
werden läßt in unserer Erkenntnis, gesteht Schl. jenen Erkenntnisformen
eine objective Gültigkeit zu, die nicht blos, wie bei Kant, empirische, nur
für das erkennende Subject seiende Realität haben soll.

Dies zeigt uns schon, wie er den in der Erkenntnislehre ver=
tretenen Kantschen Dualismus gemildert hat, aber trotzdem muß es als
etwas diesem Widersprechendes frappiren, daß er im Kerne und Mittel=
punkte seiner metaphysischen Anschauung das Schellingsche Identitäts=
system acceptirt hat. Schl. gewinnt diese Identität ebenfalls durch die
Idee des Wissens und des Selbstbewußtseins. Im Wissen ist das Ideale
und Reale thatsächlich geeint und ihre Gegensätzlichkeit aufgehoben, aber
noch nicht absolut, wie besonders Syst. der Sittenl. p. 14—17 ausführt.
Absolut ist dies erst geschehen in dem absoluten Wissen, welches der
Ausdruck gar keines Gegensatzes ist (Syst. d. Sittenl. §. 29 alinea 3),
sondern des mit ihm selbst identischen absoluten Seins. Dieses absolute
Wissen, also auch die absolute Identität von Idealem und Realem, ist

in der Welt der Erfahrung nicht gegeben. Darum ist sie blos zu postuliren als der absolute transcendentale Grund für die relative, in der Idee des Wissens gegebene Einheit von Idealem und Realem. In der Dialektik kommt er außerdem zu dieser absoluten Identität, die er hier als Indifferenz bestimmt, von der Betrachtung des Selbstbewußtseins aus. In diesem findet sich das Ich „ideal" und „real", und darum ist auch die Gottheit, der transcendentale Grund des Selbstbewußtseins, eine Indifferenz (Identität) dieser beiden Größen. Aber nicht blos im Absoluten, sondern auch im Gebiete der empirischen Realität nimmt er neben dem auf der Erkenntnistheorie beruhenden Dualismus von Idealem und Realem eine völlige Identität dieser beiden Gegensätze an. Dieses Letztere beweist er aus dem Vorgange des Wissens, nicht aus der Idee desselben. Organische und intellectuelle Thätigkeit wirken in diesem stets zusammen. Jene manifestirt sich in der Induction, diese in der Deduction, welche beiden Thätigkeiten sich stets ergänzen durch Wechselwirkung. Aber wäre unsere organische und unsere intellectuelle Thätigkeit eine vollkommene, so könnte sowohl durch jene wie durch diese das ganze Sein erfaßt werden, und da nun kraft der Definition nur das Ideale Princip der Vernunftthätigkeit und nur das Reale Princip der organischen Thätigkeit ist, so muß das Sein, da es sowohl unter dem organischen wie unter dem intellectnellen Factor erfaßt werden könnte, sowohl ganz real wie ganz ideal sein, d. h. Ideales und Reales muß identisch sein und erscheint nur für unsere mangelhafte Erkenntnis gegensätzlich.

Nun erst verstehen wir die Verflüchtigung, welche Schl. diesen Gegensätzen angedeihen läßt, indem er nach vorhergegangener Unterscheidung von Geist und Natur dann wieder in der ersten Theilung entschieden geistig Genanntes als real bezeichnet und umgekehrt. So stellt er auf der in erster Theilung als rein ideal charakterisirten Seite des Seins nochmals den Gegensatz von ideal und real auf unter der Form des Gegensatzes von Denken und Gedachtem, Activität und Passivität, Subject und Object, und ebenso auf der ursprünglich als rein real gefaßten Seite nochmals den Gegensatz von dem zeitlich und räumlich Erscheinenden als Idealem und Realem.

Dieser Gegensatz von Idealem und Realem, von Geist und Natur, ist also kein einfacher d. h. absoluter, denn sonst, meint Schl., wäre die Einheit unseres Seins aufgehoben. (D. S. 296, 1). Ist er aber nicht absolut, so heißt das: Die Gegensätze schließen sich nicht aus, das Ganze ist also nicht wirklich getheilt (Vorl. 1818 D. p. 245), und somit die einfache Entgegensetzung falsch. Ist aber diese falsch, so bleibt nur die Viertheilung übrig, denn die Dreitheilung erweist sich von selbst als unannehmbar, weil sie keine wahre Ausschließung begründet, welche sich allein aus einer Dichotomie ergibt. Für die Richtigkeit seiner Viertheilung hat er aber keinen andern Beweis, als diese apagogischen Argumente gegen die Zwei= und Dreitheilung und die Thatsache, daß, wie er sagt, sich jene von selbst empfiehlt. So schreibt er Syst. d. Sittenl.

24

p. 26: Daß nun Vernunft gleich wieder als Natur gedacht wird, wenn sie Gegenstand sein und gewußt werden soll, und ebenso Natur als Vernunft, wenn sie als Ideen Zwecke in sich tragend und vorstellend gedacht wird, leuchtet ein und beweist eben das Untergeordnete und Unvollkommene der einfachen Trennung, d. h. der Zweitheilung (cf. überhaupt Syst. d. Sittenl. §. 45—47).

Jene Sätze des Dualismus und diese der Identität vermittelt er nun wieder durch die Hinstellung der Unterschiede als blos quantitativer. Alles, was existirt, besteht aus einem Plus des Idealen und einem Minus des Realen und umgekehrt.

Diese Fixirung dieses Unterschiedes als eines blos quantitativen und die Bestimmung des Absoluten als der schlechthinigen Indifferenz von Idealem und Realem treffen nicht zufällig zusammen, sondern die eine postulirt die andere als ihre Consequenz. Es fragt sich nun zur Erlangung einer Grundeinsicht in Schl's System, welche von diesen beiden Thesen die primitive und welche die secundäre. Wir halten den Gottesbegriff für den primitiven. Daß sich mit der Fassung Gottes als der absoluten Indifferenz die blos quantitative Gegensätzlichkeit jener zwei Factoren besser verträgt, wie eine qualitative, und darum wenigstens aus ihr geflossen sein kann, ist nicht leicht zu verkennen. Freilich ergibt sich auch andererseits sein Gottesbegriff als Consequenz jener Bestimmung des Verhältnisses des Idealen zum Realen. Aber zu dieser Behauptung, daß wirklich die letztere die secundäre ist, bewegt uns unter Anderm besonders die Thatsache, daß Schl. mit dieser Fassung des Idealen und Realen als im höhern Sinne identischen Seins besonders in seiner philosophischen Sittenlehre in die bedenklichste Collision kommt, eine Collision von so fühlbarer Art, daß sie ihm bei seiner sonst so scharfsinnigen und feinen Auffassung alles Geistigen nicht entgangen sein würde, wenn ihm sein Gottesbegriff nicht so unbedingt feststand, und wenn ihm dieser nicht jene Auffassung von Geist und Natur nothwendig zu machen schien. Jene gedachte Collision in Schl's Sittenlehre finden wir darin, daß er als Fundament für die Construction des höchsten Gutes und somit der ganzen Sittenlehre den doppelten Gegensatz, einmal von Organ und Symbol, und sodann den von Allgemeinheit und Individualität aufstellt. Es liegt hierin eine Anerkennung der absoluten Berechtigung der Individualität, die er schon viel früher wie in der Sittenlehre in den Monologen in Anspruch nahm. Allerdings wird in den Monologen das Ich zunächst als abstracte Allgemeinheit gefaßt (cf. p. 23, 25.) Es ist das Bewußtsein der allgemeinen Menschheit, das Princip der absoluten Selbstbestimmung, der Unbedingtheit durch Schranken irgend welcher Art. Ja du bist, heißt es p. 11, überall das erste, heilige Freiheit! Du wohnst in mir, in Allen: Nothwendigkeit ist außer uns gesetzt! Aber dieses bei Allen identische und daher allgemeine Vermögen absoluter Selbstbestimmung dient ihm nicht zur Begründung des scheinbar daraus sich mit Nothwendigkeit ergebenden Gedankens, daß in Allen ein identisches, das allgemein menschliche Sein sei, daß darum in Allen das Handeln gleich sein müsse, und sich der Eine vom Andern unterscheide nur inwiefern doch jedem seine eigene Lage, sein eigner Ort gegeben sei, daß nur in der Mannigfaltigkeit der äußern Thaten sich die Menschheit verschieden offenbare, der innere Mensch da gegen, der Einzelne nicht ein eigenthümlich gebildet Wesen, sondern überall ein jeder an sich dem andern gleich sei. Vielmehr die Negation grade dieses Gedankens ist der Grundgedanke der Monologe. Es drängt ihn, „ein höheres Sittliches" zu suchen, dessen Bedeutung die individuelle Persönlichkeit wäre (p. 26). Die Weltansicht der Monologe beruht ganz und gar auf diesem Gedanken.*) Allein wenn der Geist nur als Quantum vorhanden ist, so kann nur das möglichst größte Quantum Anspruch auf Anerkennung haben, aber nicht das Individuum, denn in diesem kann im Verhältnisse zur Allgemeinheit doch nur ein geringes Quantum von Idealem Existenz haben. Besteht das höchste Gut in dem Vernunftsein der Natur, und soll die Individualität ab= geleitet werden aus einer quantitativ verschiedenen Vertheiltheit des Geistes resp. Vernunft, so hat nur die Individualität berechtigten An= theil an der Sittlichkeit, in der quantitativ am meisten Geist resp. Ver= nunft ist, während doch, wenn das Individuelle als solches sittlich sein soll, es nicht auf die Quantität, sondern auf die Qualität des in ihm erscheinenden Geist= oder Vernunftgehaltes ankommt. Wir glauben auf Grund des Gesagten — ganz abgesehen davon, daß es kaum begreiflich wäre, wie Jemand, ohne bereits von anderweitigen metaphysischen Grund= anschauungen beeinflußt zu sein, die bloße Relativität des Gegensatzes des in der Welt gegebenen Idealen und Realen behaupten könnte — zu der Annahme berechtigt zu sein, daß der Gottesbegriff Schl's der primitive Grundmangel seines Systems ist.

Wo hätte nun die Kritik bei seiner Auflösung einzusetzen? Die Prämisse des stetigen Zusammenseins von Idealem und Realem halten wir, wie bereits gesagt, für wohl haltbar. Unantastbar ist auch sein Satz, daß in dem Wissensacte ein Ineinander beider zu constatiren ist. Wenn er nun von der im Wissen gegebenen Einheit von Idealem und Realem auf eine absolute Einheit derselben schließen zu müssen glaubt, so ist ihm das Recht zu diesem Schlusse zu concediren, wenn das „ab= solut" = „universell" gefaßt sein soll, und dieses „universell" dann steht im Gegensatze zu einem „partiellen" Ineinander von Idealem und Realem, welches partielle Ineinander empirisch allein gegeben ist, insofern

---

*) Freilich ist es, so viel wir sehen, Schl. nicht gelungen, diese beiden einander gegenüberstehenden Gedanken, den Fichtes von der absoluten Allgemeinheit und Selbstbestimmung des Ichs und den Leibnitz's von der absoluten Berechtigung der Individualität zur harmonischen Einheit zu erheben. Seine vermeintliche Ver= mittelung findet sich in der Setzung des ersten Willens, „durch den ich bin, der ich bin" (p. 69). Allein wie kommt das absolut Allgemeine zur individuellen Selbstbestimmung? Und dieses als Thatsache angenommen, woher dann die absolute Berechtigung dieser individuellen Bestimmtheit, die bei der von ihm gegebenen Er= klärung nothwendig als Schranke angesehen werden muß, und darum nimmermehr mit dem Anspruche sittlichen Werthes auftreten kann?

in einem empirisch bestimmten Wissen das Sein immer nur in einem partiellen Maße erfaßt und das Denken immer nur in einem partiellen Maße gesetzt ist. Wenn Schl. aber eine absolute Einheit in dem Sinne postulirt, wie er es ja wirklich thut, daß sie eine totale Aufhebung des Unterschiedes zwischen Denken und Sein bedeuten soll, so faßt Schl. nur ein Moment des Wissens ins Auge und vergißt dabei das andere, nämlich den Unterschied des Idealen und Realen, denn dieser ermöglicht eben so sehr das Wissen wie die Einheit dieser beiden. Schl. würde also von der Idee des Wissens aus nur zu einem Schlusse auf ein solches Absolute berechtigt sein, in dem Ideales und Reales zwar geeint, aber nicht mit völliger Vernichtung ihres Unterschiedes geeint sind. Aber auch von dem Wissen speciell, welches ein Selbstbewußtsein, ein Wissen um das Selbst, um das Ich des Menschen ist, kann Schl. nicht zu seiner absoluten Indifferenz fortschreiten. Im Selbstbewußtsein sei das Ich, meint er, sowohl denkend wie gedacht, also sowohl Denken wie Sein, und darum real und ideal in Einem, und als diese endliche Einheit von Idealem und Realem postulire es eine absolute, unendliche, in der Form der Indifferenz. Allein hier kreuzen sich grundverschiedene mit einander unvereinbare Standpunkte. Schl. hat nicht das Recht, auf dem dualistischen Standpunkte, nach dem er Geist und Natur als Ideales und Reales unterscheidet*), ebenso zu verfahren, wie Fichte mit der Thatsache der Selbstunterscheidung des Ich, kraft welcher sich dieses in ein Ich und ein Nichtich zerlegt. Wird erst das Ich rein ideal, rein geistig gefaßt, wie es nach jener dualistischen Theilung in Geist und Leib von Schl. geschieht, nach der das Ich etwas rein Geistiges ist, so ist dieses Ich auch in der an sich vollzogenen Selbstdiremption sowohl als das denkende wie das gedachte nur ideal. Es hat sich das ideale Sein hier erhoben zu der Höhe der Selbsterfassung, der höchsten Form der Existenz des Idealen. Fichte durfte von seinem Standpunkte die eine Seite des selbstdirimirten Ich, die objective, auf eine Stufe stellen mit der ganzen objectiven Welt, da diese nach ihm ebenfalls nur ein Resultat des sich im Denken selbsterfassenden Ich ist: aber nicht so Schl., nachdem er zuvor geschieden hat zwischen Geist und Leib als Idealem und Realem.

Hätte Schl. von dem selbstbewußten Ich auf ein Absolutes einen gültigen Schluß ziehen wollen, so mußte er wenigstens auf ein solches Absolute schließen, in dem sich das ideale Sein selbst erfaßt und sich in sich selbst concentrirt habe, sich gegenüber dem Realen als etwas Selbstständiges erweisend, aber nicht auf ein solches, in dem beide Seiten des Seins zu einer indifferentistischen Einheit verschmolzen seien.

---

*) Man darf uns hier nicht einwenden, Schl. habe bei Aufstellung jenes Dualismus doch immer auf die Identität hingewiesen, denn wer den Dualismus so weit treibt, daß er, wie Schl. wiederholt thut, strenge Verwahrung dagegen einlegt, das Reale aus dem Idealen oder umgekehrt abzuleiten, hat zu jenem Hinweise auf die Identität kein Recht mehr.

Nachdem wir so die Mangelhaftigkeit des Weges gesehen, auf dem Schl. zu seinem Begriffe des Absoluten gelangt, finden wir denselben ferner ebenso haltlos in Anbetracht seiner Fruchtbarkeit für die Erklärung der Wirklichkeit alles endlichen Daseins. Schon an und für sich ist dieses Absolute, welches jenseits unseres Wissens und Denkens liegt, ein leeres Mysterium, welches, da sich nur Negationen von ihm aussagen lassen, ein schlechthin unvollziehbarer Gedanke ist. Und ferner ist es doch absolut unfähig, Princip des Werdens und Geschehens, der Welt der Gegensätze und der Mannigfaltigkeit zu sein. Es ist Schl's eigener Gedanke (Psych. p. 17), wenn wir sagen: Aus einem Ursprünglichen ein Mannigfaltiges zu entwickeln ist unmöglich, wenn dieses nicht schon in dem Ursprunge vorhanden ist. So ist es nicht zufällig, wenn Schl. nie den Versuch macht, das Endliche aus dem Unendlichen abzuleiten. Er nimmt Alles nur empirisch auf, das unterschiedliche Dasein des Idealen und Realen ebenso wie das stetige, gegenseitige Verknüpftsein der beiden. Sagt er doch selbst: Wir können das im Wissen dargestellte Sein nicht aus ihm ableiten, nämlich dem transcentendalen Grunde (D. p. 79; Vorl. 1818 D. p. 21). Auch die positiven Wissenschaften kann er nicht aus ihm herleiten, obschon er einem jeden Systematiker diese hochwissenschaftliche Forderung stellt. Soll irgend eine Wissenschaft vollkommen dargestellt werden, heißt es §. 1 des Systems d. Sittenl., so muß sie sich auf eine höhere und zuletzt ein höchstes Wissen beziehen, von dem alles Einzelne ausgeht (cf. §. 3). Von diesem höchsten Wissen sagt Schl. nun daselbst p. 2, daß es kein bestimmtes Sein als Gegenstand außer sich habe, denn diesem müßte anderes coordinirt sein. Er hatte hier also das Absolute selbst im Auge. Aber von diesem kann er nun doch wegen der absoluten Indifferenz die Einzelwissenschaften nicht ableiten, denn es hat, wie Schl. selbst anerkennt (p. 86), keinen Theilungsgrund in sich. Er steht also in der Antinomie, daß er fordert, aus dem Absoluten alle Wissenschaften abzuleiten, und sie doch nicht daraus ableiten kann, sondern sich damit begnügen muß, sie zu deduciren aus einem unter dem höchsten Wissen stehenden Wissen, welches Gegensätze, also Theilungsprincipien in sich enthält. Zwar behauptet er von diesem Wissen (cf. §. 36), daß es ein Bild des über alle Gegensätze gestellten höchsten Wissens sei. Inwiefern es nämlich einen Gegensatz in sich enthaltend dennoch Eins sei, so sei der Gegensatz als solcher darin geschwunden und gleiche es dem über allen Gegensatz überhaupt Gestellten. Aber diese dialektisch vermittelte Gleichstellung ist doch ein Sophisma. Denn das Gebundensein der Gegensätze ist doch weit verschieden von dem Geschwundensein derselben, ist doch dieses gleich ihrem Nichtsein, und jenes grade Bedingung ihres Daseins; denn sind sie nicht gebunden in irgend einem Dritten, so würden sie ja beziehungslos, also nicht mehr gegensätzlich sein.

Schl's Absolutes kann nicht einmal eine Begründung des Wissens geben, obschon es aus demselben abgeleitet ist, da doch das Wissen auf dem Gegensatze von Sein und Denken ruht, welcher Gegensatz aus der absoluten Indifferenz nicht gewonnen werden kann; und noch weniger ist es im Stande, das Selbstbewußtsein zu begründen, in welchem die höchstmögliche Erhebung des Idealen über das Reale gegeben ist, während in der Indifferenz beider von einer solchen nicht die Rede sein kann.

Der Schl'sche Gottesbegriff ist weit entfernt, die geistigen That= sachen, zu deren Begründung er postulirt wird, erklären zu können, er würde sie vielmehr unmöglich machen. Schl. hat die Starrheit dieses seines Gottesbegriffes sehr wohl gefühlt, und er ringt förmlich damit, aber in vergeblicher Anstrengung. Wenn er nur Negatives vom Ab= soluten aussagt, so ist er doch weit entfernt, es als die absolute Leer= heit zu bestimmen. Es ist die condito sine qua non für alles Zu= sammensein der in der Welt gegebenen Unterschiede, und darum von positiver Realität und gehaltvollem Inhalte, und obwohl nicht erkennbar, so doch der terminus a quo für alle Erkenntnis (D. §. 222; Syst. d. Sittenl. p. 221). Die Vorstellung, heißt es D. §. 225 alinea 2, daß die Idee Gottes rein gehalten nur die leere Einheit, also gleich Nichts sein muß, und nur die Welt die volle Einheit sein müßte, ist schielend. Gott ist die volle Einheit, die Welt ist die „in sich eine" Vielheit. Aber dieses ist bei der absoluten Indifferenz unmöglich. Dieses Unmögliche würde jedoch alles möglich, wenn er auf Grund des stetigen Zusammen= seins des Idealen und Realen, und auf Grund ihres Ineinanderseins im Wissensacte, und auf Grund der Selbsterfassung und der Selbst= erhebung des Idealen über das Reale im Ich des Menschen einen Gottesbegriff aufgestellt hätte, in dem Ideales und Reales zwar nicht blos zusammen, sondern auch wirklich geeint sei, aber nicht unter= schiedslos geeint, sondern durch den Unterschied hindurch zu einer Ein= heit vermittelt, in welcher Einheit das Ideale nach Analogie des mensch= lichen Ich sich selbst erfaßt und das Reale zu einem bloßen Momente in seiner Vermittlung herabgesetzt hat. Dann hätte Schl. auch gewiß nichts dagegen einzuwenden gehabt, wenn man meint, von diesem Ab= soluten eine adaequate, wenn auch natürlich keine es erschöpfende Er= kenntnis haben zu können und zu haben.*) In Folge der Starrheit seines Absoluten und der Leugnung aller Unterschiedenheit in demselben sprach er dem Denken und Wollen die Möglichkeit, die Gottheit zu er= fassen, ab, und ließ sie nur dem Gefühle zugänglich sein. Die relative Wahrheit dieses Satzes, aber auch seine Unhaltbarkeit, haben wir bereits erkannt. Auch vor diesem Irrthum würde er bewahrt sein, wenn er in Gott eine durch den Unterschied hindurch vermittelte, durch den Proceß der Selbstvermittelung hindurch gegangene und stetig hindurchgehende Einheit gesehen hätte.

***

*) Freilich hätte er dann auch nothwendiger Weise den Gedanken fahren lassen müssen, daß unser begriffliches Denken stets ein es inadaequat machendes sinnliches Vorstellungsmoment in sich trägt, den Gedanken, ohne dessen Aufgeben Metaphysik wohl nicht getrieben werden kann.

Dann würde er auch die Unterschiedenheit des Idealen und Realen
nicht von anderer Seite wieder Identität genannt haben, und hätte er
das nicht gethan, so würde er die Berechtigung des Individuellen, die
er zwar setzt, aber nicht erklärt, wenigstens nicht speculativ, wirklich ver-
ständlich machen können, da das Ideale dann nicht in der Quantität,
sondern, im Unterschiede von dem Realen, in der Qualität den Grund
und das zwingende Motiv seiner Anerkennung besitzen könnte.

Am wirkungsreichsten würde sich die Tragkraft dieser Aufhebung
der Identität jener zwei Factoren zeigen in der Anschauung von der
Freiheit des Menschen (die freilich auch direct — cf. weiter unten —
vom Gottesbegriffe bedingt ist). Erst bei der Annahme qualitativer
Gegensätze wird man es begreifen können, wie das Ideale das Reale
zu einem Momente seiner selbst herabdrücken kann, und erst wenn man
auf Grund hiervon den Act der Selbsterfassung des Ich im Menschen
versteht, wird man es begreifen können, daß ein solches Ich erhaben
ist über das Bestimmtwerden durch Naturursachen, die überall außer
ihm herrschen, und daß seine Freiheit eine specifisch, nicht blos quantitativ,
sondern qualitativ andere ist wie die der übrigen wirkenden Ursachen
im Naturzusammenhange. Denn eine solche Freiheit ist Schl.'s Systeme
fremd. Alles, was von der einen Seite betrachtet Nothwendigkeit ist,
kann von der andern Seite betrachtet nach Schl. frei genannt werden.
Die Freiheit eines Dinges, sagt er D. §. 198 (cf. D. p. 420 und
Syst. d. Sittenl. §. 107), ist das Ding ganz, und die Nothwendigkeit
eines Dinges ist das Ding auch ganz, nur von einer andern Seite angesehen. Unter der Form des Begriffs angesehen erscheint das Sein
als Kraft und so als Freiheit, unter der Form des Urtheils als Erscheinung und so als Nothwendigkeit. Zwar lesen wir in den Monologen
(p. 68 f.) einen schwunghaften Lobpreis der Herrlichkeit der menschlichen
Freiheit, aber diese Freiheit ist selbst wiederum nichts als innere Nothwendigkeit. Er meint diese darum als Freiheit bezeichnen zu können,
weil sie nichts Anderes sei als die Consequenz einer ursprünglichen
That der Freiheit in ihm — aber leider einer That, die außerhalb des
Bewußtseins liegt d. h. ihm vorangeht (cf. p. 69).

Hätte Schl. in seinem Gottesbegriffe dem idealen Momente das
absolute Uebergewicht gegeben, so würde auch schon der Gottesbegriff
direct jene Fassung des Freiheitsbegriffs ermöglicht und nahegelegt
haben. Hätte er gelehrt, daß der ideale Gehalt zur Selbsterfassung in
Gott erhoben gedacht werden müsse, daß das geistige Moment in ihm
der Beherrscher des Physischen sei, so würde sein Satz von der Unmöglichkeit der Selbstbeschränkung Gottes gefallen sein, es würde die
Allmacht die principielle Stellung, welche sie in Schl.'s Systeme hat, verloren haben. Denn diese ruht ausschließlich auf der hervorragenden
Stellung, welche Schl. dem Realen, der φύσις gegenüber dem νοῦς in
dem Absoluten vindicirt. In seiner „Christl. Glaubenslehre" ist dieses
auf den ersten Blick zu ersehen. Die Alles bedingende Causalität
Gottes ist dort erster und letzter Grundsatz. Und dieser ist nicht

aus dem absoluten Abhängigkeitsgefühle in erster Linie abgeleitet, sondern das absolute Abhängigkeitsgefühl, das Princip der ganzen Glaubenslehre ist vielmehr selbst aus ihm abgeleitet, und er hat seine Begründung in der ganzen Dialektik, er durchzieht sie von Anfang bis zu Ende. Die Gottheit soll das begründende Princip alles Seins sein, also sowohl des idealen wie realen Factors. Schl. spricht darum auch von einem Sein Gottes in uns und in den Dingen. Aber trotzdem, daß das Sein Gottes in uns, gegenüber dem Sein Gottes in den Dingen, ein Sein Gottes in unserm Intellect sein muß, betrachtet er die Gottheit mehr als physisch wirkende Substanz; denn als selbstbewußten Intellect. Zwar muß er natürlich die Bezeichnung Gottes als der höchsten Kraft, als der natura naturans, als uneigentlich zurückweisen, denn dieser Begriff würde Gott in Gegensatz stellen, aber doch sympathisirt er, wenn er überhaupt eine Kategorie des menschlichen Denkens auf das Verhältnis Gottes zur Welt anwenden muß, am meisten mit der von Ursache und Wirkung. Das ist in seiner Consequenz physischer Determinismus. Alles Seiende ist Gottes Wirkung, die Wirkung Gottes und die des Naturzusammenhangs decken sich, also ist alles Existirende im Naturzusammenhange begründet. Aber nicht blos dies, sondern Schl. behauptet auch, daß der Unterschied zwischen Möglichem und Wirklichem, zwischen Können und Wollen für Gott nicht vorhanden sei. Die Annahme eines nicht wirklich Gewordenen oder Werdenden würde eine Selbstbeschränkung der gött= lichen Allmacht postuliren, die doch nicht gegeben werden könne, zumal sie ja nur denkbar sei, wenn das durch die Selbstbeschränkung der gött= lichen Allmacht an der Existenz Verhinderte durch dieses sein Nicht= existiren das Sein nicht vermindert, sondern vermehrt haben würde, was ihm aber ein Ungedanke scheint (Chr. Gl. I. §. 54). Der Grundzug eines solchen Systems ist unzweifelhaft deterministisch, und dieser Determinismus ruht wie ein Bann auf Schl's ganzem Systeme. Und doch ist der Weg, auf dem er zu diesem Standorte kommt, kritisch sehr anfechtbar. Schl. bestimmt das Absolute als schlechthinige Indifferenz von Idealem und Realem. Warum will er nun grade eine solche Kategorie bei der Bestimmung des Verhältnisses des Absoluten zum endlichen Sein, welche die eine Seite des aufgehobenen Gegensatzes, nämlich die ideale, ungebührlich hinter der andern, der realen, zurück= stellt? Denn daß dies bei der Kategorie von Ursache und Wirkung wirklich der Fall ist, ist evident. Blos als Wirkung angesehen muß selbst das Ideale in der Welt dem Absoluten gegenüber unter dem Charakter des Realen, des Natürlichen, erscheinen. Warum konnte er nicht auf Grund der Identität des Idealen und Realen das Verhältnis Gottes zur Welt als Selbstoffenbarung des Absoluten im Idealen der Welt bestimmen? Er hätte zu dieser Bestimmung dasselbe Recht gehabt wie zu jener. Warum hat er die Behauptung des „Seins Gottes in uns" nicht zu reicherer Entfaltung gebracht? Warum hat er, diesen Lichtstrahl verfolgend, die Gottheit nicht als Intelligenz, als absolutes

Denken und Wissen bezeichnet? Alles dieses war ihm eben so gut
möglich wie die Behauptung der absoluten Causalität Gottes. Und
wenn diese nach seinem eignen Urtheile nur eine annähernde Adaequat-
heit besitzt, so hätten jene Bestimmungen doch mit Anspruch auf eben
dieselbe auftreten können. Würde Schl. so das Ideale im Gottesbegriffe
mehr entwickelt, und auch in der Welt, wenn er sie Gotte gegenüber
denkt, das ideale Moment mehr im Vordergrunde stehend gedacht haben,
so würde gewiß das deterministisch Physische sich wie ein Nebel vor der
Sonne gelichtet haben. Ein im menschlichen Geiste sich abbildlich offen-
barender, sich selbst erfaßt habender Gott würde auch diesem die Möglichkeit völliger Selbstentschließung gegeben haben. Es ist von einem
solchen Absoluten eine solche Selbstständigkeit menschlicher Freiheit abzuleiten, daß sie nicht mehr mit Schl. nach Spinoza ganz deterministisch
auf innere Nothwendigkeit zurückgeführt zu werden braucht, wie die
im Gebiete des animalisch-organischen Lebens gegebene, von dieser
nur quantitativ differirend durch ihre größere Lebendigkeit und
Energie.

Die Consequenz hiervon für die Lehre von dem Bösen und der
Schuld des Menschen liegt auf der Hand. Schl. würde das, was er
hierüber auf Grund des christlichen Gewissens und Bewußtseins sagt,
mit seiner Philosophie haben in Einklang bringen können, wenn er sich
zu einer wahren Freiheit des Menschen und zu einem lebendigern
Gottesbegriffe bekannt hätte. Es würde dann jener unheimliche Doppelstandpunkt Schl's, nach dem die Sünde einmal als That des Menschen
(Chr. Gl. I. §. 68, 3: 80, 2) und das andre Mal als That Gottes (Chr.
Gl. §. 79, 1: 80, 4: 81, 1) erscheint, gefallen sein, es würde der Zwiespalt
zwischen dem christlichen Gewissen und dem philosophischen Denken gelöst
sein. Schl. meint freilich, diesem Widerspruche des religiösen Gefühls
und des denkenden Verstandes nicht verfallen zu sein. So schreibt er
in dem bekannten Briefe an Jakobi: „Meine Dogmatik und meine
Philosophie sind fest entschlossen, sich nicht zu widersprechen" (Schl's
Leben in Briefen II., p. 343). Wenn er dann weiter meint: „So
lange ich denken kann, haben sie immer gegenseitig an einander gestimmt,"
so ist dies allerdings richtig. Die leitenden Grundgedanken der Dialektik
sind das Fundament, auf dem sich die Glaubenslehre logisch consequent
erbaut. Aber jener Widerspruch ruht nichts desto weniger in der Glaubenslehre selber, wie schon aus den kurzen, oben gegebenen Bemerkungen
über Schl's Stellung zur Sünde und zu der von deren Bestimmung
bedingten Schuld des Menschen, wie dieselbe in der Glaubenslehre zum
Ausdrucke gelangt, ersichtbar ist.

Freilich glaubt Schl. diesen Widerspruch ausgeglichen zu haben
durch seine Bemerkungen

. a) über die menschliche Freiheit: Chr. Gl. I, p. 450. Vermöge
seiner Willensfreiheit soll dem Menschen Zweierlei möglich sein, zunächst:
Sich nicht durch äußere Nöthigung zu einer bestimmten Reaction zwingen
zu lassen, sondern jedes Heraustreten aus sich selbst, jede Wirkung nach

32

Außen von Innen heraus zu bestimmen; und sodann: Sich nicht durch
die gemeinsame menschliche Natur für alle Fälle prädestiniren zu lassen.
Allein wenn er auf der andern Seite die Freiheit mit den Naturursachen
identificirt und sie mit diesen coordinirt der absoluten göttlichen Causalität
schlechthin unterstellt (Chr. Gl. I. §. 80, 4), so ist der Doppelstandpunkt
von der Erklärung der Sünde nur in die der Freiheit zurückgeschoben;
  b) über den Zusammenhang von Sünde und Erlösung (Chr. Gl.
§. 80, 2; 81, 3). Nicht in unbedingter Weise will er Gott den Urheber
der Sünde nennen, sondern nur insofern er auch die Erlösung gewollt
und gesetzt habe. Allein das heißt doch nichts Anderes als: Gott würde
die Sünde nicht gewirkt haben, wenn er nicht die Erlösung gesetzt —
ein Satz, der von der Verursachung der Sünde durch Gott auch nicht das
Mindeste abthut.

Der besprochene Determinismus ist das unzweifelhaft Wahre an
der Behauptung, daß Schl. Pantheist sei. Ob diese Behauptung in
ihrem ganzen Umfange zu halten sei, ist eine andere Frage. Das Wesen
des Pantheismus besteht, vom Standpunkte des Theismus aus beurtheilt, in dem Niederreißen der Schranken zwischen Gott und Welt und
der Identificirung beider. So bestimmt auch Schl. das Wesen desselben
D. p. 168. Der charakteristische Zug ist die vollständige Immanenz
Gottes und der Welt, und aus diesem resultiren naturgemäß als fernere
Sätze, daß die Gottheit etwas Unpersönliches, daß alles Individuelle
eine vorübergehende Erscheinung sei, und auch die menschliche Persönlichkeit keine ewige Dauer habe, daß das Wirken Gottes und das Wirken
der Natur zusammenfallen, daß die Freiheit des Menschen nur dem
Grade nach verschieden von der Freiheit der Naturcausalitäten. In
Betreff der beiden letzten Punkte haben wir bereits gefunden, daß sie
auch von Schl. gelehrt wurden. Ebenso ist auch die Behauptung der
Unpersönlichkeit Gottes ein Satz, den er auf das Entschiedenste aufstellt,
und zwar nicht blos insofern, als er geflissentlich jegliche Coordination
von Gott fernhalten will, wie es zunächst scheinen könnte, da er den
Begriff der Persönlichkeit so faßt (Syst. d. Sittenl. p. 165), daß ihr
etwas Gleiches coordinirt sein müsse, in dessen Setzung als etwas von ihr
Verschiedenem ihr Wesen bestehe, in welcher Fassung sie ja selbstverständlich Gotte abgesprochen werden muß, sondern auch insofern,
als er seinem Absoluten überhaupt kein bewußtes absolutes Ich zuschreiben will.

Nun die individuelle Unsterblichkeit. Wie stellt sich Schl. zu ihr?
Zunächst in den Monologen und Reden. In beiden polemisirt er gegen
das Hängen an dieser Annahme. In den Monologen (p. 18—19)
eifert er gegen die Richtung, welche „die Unsterblichkeit dichtet“, und
sie „allzugenügsam erst nach der Zeit“ sucht, statt „immer und über der
Zeit“. Er sieht diese an als ein Resultat falscher Selbstbetrachtung,
die den Blick nicht ins wahre Innere zu richten sich getraue, sondern
haften bleibe an dem Aeußern des Lebens in seiner Zerstückelung, und
darum nicht zum Anschauen Gottes, zum Bewußtsein der Ewigkeit im

irdischen Leben komme und diese darum hinter das diesseitige Leben zu setzen sich veranlaßt fühle. Er preist dagegen als das Höchste, „den Blick zurückzuwenden ins innere Selbst," um so im Reiche der Ewigkeit zu sein. Diese hohe Selbstbetrachtung setze den Menschen in den Stand, der erhabenen Forderung zu genügen, daß er nicht sterblich, nur im Reiche der Zeit, auch im Gebiete der Ewigkeit, unsterblich, nicht irdisch nur, auch göttlich soll sein Leben führen (p. 16). Ebenso in den Reden (p. 118–121). Auch hier setzt er das dieser Annahme zu Grunde liegende Falsche der Anschauung in das Haften am Einzelnen, am Aeußern. Mitten in der Endlichkeit Eins werden mit dem Unendlichen und ewig sein in jedem Augenblicke, das ist die Unsterblichkeit der Religion (p. 121). Aber haben diese Bemerkungen sowohl in den Monologen wie in den Reden dem Zusammenhange gemäß nicht blos den negativen Zweck, den Wahn zu zerstören, daß wir nicht schon in diesem Leben das wahrhaft Göttliche und Ewige in vollem Besitze hätten, so daß sie jenen Glauben an individuelle Unsterblichkeit nicht unbedingt aufgehoben, sondern ihn nur vor falschen Auswüchsen bewahrt wissen wollen? So will Schl. sie in der 21. Anmerkung zur zweiten Rede (p. 140) verstanden wissen. Doch verfolgen wir diese erst später. Sehen wir zunächst auf den metaphysischen Hintergrund in Bezug auf das Verhältnis der individuellen Persönlichkeit zum Absoluten, wie er uns in den Monologen und Reden entgegentritt. Derselbe zeigt aller= dings keine sehr scharfen Contouren, aber nichts desto weniger glauben wir auf p. 119 der Reden und p. 69 der Monologe einen ziemlich sichern Ausgangspunkt in unserer Frage zu haben. Reden p. 119 bezeichnet Schl. als Ziel der Religion, daß die scharf abgerissenen Um= risse unserer Persönlichkeit sich erweitern und sich allmählich verlieren sollen ins Unendliche, daß wir, indem wir des Weltalls inne werden, auch so viel als möglich Eins werden sollen mit ihm. Hiernach erscheint die Welt des Endlichen als die Selbstmanifestation des Absoluten, die aber in ihrem höchsten Vertreter, dem Menschengeiste, ihres Abstandes von dem Unendlichen sich bewußt geworden, wieder zurückstrebt zu dem Unendlichen, zu dem schlechthin universellen Sein. Ebenso tritt auch in den Monologen, besonders p. 69, aber auch an andern Stellen (cf. p. 9), der durchschlagende Gedanke hervor, daß das Ich seine hohen Vorzüge der unbedingten Freiheit und der Erhabenheit über alle Naturschranken von sich nur unter der Voraussetzung prädiciren kann, daß es Eins ist mit dem universellen Geiste, der „sich mit der Natur vermählend" (p. 69, 9, 10) in die Form des Individuellen eingeht, — die in Folge dessen blos Bedeutung hat für diese Welt der Erscheinungen.*)

Zu demselben Resultate führt uns eine Betrachtung der Ethik und Dialektik. In beiden erscheint die Persönlichkeit, das Bewußtsein, als

---

*) Daß Schl. nichts desto weniger der Individualität als solcher einen absoluten Werth beilegen will, haben wir bereits hervorgehoben, aber auch zugleich auf den Mangel der speculativen Begründung für diese These hingewiesen.

das Resultat des „Gesetztseins der sich selbst gleichen Vernunft zu einer Besonderheit des Daseins in einem bestimmten und gemessenen, also beziehungsweise für sich bestehenden Naturganzen" (Syst. d. Sittenl. §. 193). So lebt in allen Persönlichkeiten ein und dieselbe identische Vernunft, durch deren Einigung mit dem Realen, der Natur, das Bewußtsein entsteht, so daß dieses weder aus jener allein noch aus dieser für sich begriffen werden kann, sondern nur das Product ihres Zusammenseins und ihrer relativen Einheit ist. Dies ist der Gedanke der Ethik und der Dialektik, und aus diesem, meinen wir, folgt, daß mit der Lösung dieser Einheit im Menschen, d. h. mit dem Tode, sein Ich, seine individuelle Persönlichkeit ebenfalls aufgehoben werden muß. Wenn Schl. der in den Einzelnen zur Besonderheit des Daseins gesetzten identischen Vernunft eine Berechtigung in dieser ihrer Einzelexistenz vindiciren will, so ist dieses schon an und für sich eine nicht begründete These, da das Princip der Differenzirung der allgemeinen identischen Vernunft nicht nachgewiesen, sollte sich jene aber vollends noch weiter erstrecken als auf das Diesseits, so wäre sie in dieser Beziehung ein nach seinen Prämissen völlig in der Luft schwebender Satz, zumal er der in der Einzelheit erscheinenden Vernunft noch das Bestreben zuschreibt, diese ihre Schranken zu durchbrechen, um sich mit sich selbst zu einigen, und das Einzelwesen, indem es gesetzt wird, auch wieder aufzuheben (Syst. d. Sittenl. p. 153). Dazu stimmt auch, daß Schl. in der Ethik das höchste Gut nicht etwa in eine intelligible Welt setzt, sondern in das Diesseits, in das Ineinandersein von Vernunft und Natur.

Und was die Dialektik speciell angeht, so findet Schl. in dieser p. 172 den Gehalt des Unsterblichkeitsgedankens darin, daß die Idee des Wissens und Gewissens als in Allen identisch gedacht über die Persönlichkeit hinausgehe. Die in Allen identische Idee des Wissens und Gewissens ist aber nichts Anderes als die allen individuellen Besonderheiten der Vernunft zu Grunde liegende und als identische Einheit sie durchziehende alleine Vernunft, und so besagt jene Idee der Unsterblichkeit nichts Anderes als die Zeitlosigkeit dieser universellen alleinen Vernunft, welcher gegenüber ihre individuellen Besonderheiten in der empirischen Welt nur etwas Vorübergehendes sind.

Damit wäre diese unsere Untersuchung zu Ende. Wir sehen auf Grund von Schl's metaphysischen Anschauungen über die individuelle Persönlichkeit keine Möglichkeit, ihr eine über die Zeitlichkeit hinausgehende Dauer zu sichern. Aber dennoch thut er dies, wie es scheint, in jener erwähnten Anmerkung zu den Reden, in welcher er uns zugleich auf den zweiten Theil seiner Glaubenslehre als den Ort verweist, wo er sich ausführlicher darüber ausgelassen, und in welcher er einleitend von jener Stelle in den Reden sagt, daß sie mißverstanden sei, wenn man in ihr eine Herabsetzung der Hoffnung der Unsterblichkeit in dem herrschenden Sinne des Wortes gefunden habe.

Aber behauptet Schl. denn nun wirklich an diesen Stellen eine individuelle Unsterblichkeit? Chr. Gl. II, p. 472 erklärt er die Annahme, daß der Unsterblichkeitsgedanke das Product des objectiven Bewußtseins d. h. der Vernunft und ihrer Denkthätigkeit sei, für eine unrichtige. Als die einzige Quelle desselben bezeichnet er vielmehr das unmittelbare Selbstbewußtsein, in welchem er entweder in wesentlicher Verbindung mit dem hier überall zu Grunde liegenden Gottesbewußtsein, oder unabhängig von demselben, für sich, gegeben sei: p. 473 leugnet er nun aber den wesentlichen Connex mit dem Gottesbewußtsein ganz entschieden. Mit dem Gottesbewußtsein unmittelbar gegeben sei nur die Annahme einer wesentlichen Unsterblichkeit des Geistes in seiner Productivität, in welcher aber der Einzelne nur eine vorübergehende Action darzustellen brauche, wie denn auch jene Anmerkung Schl's zu den Reden (p. 140), nachdem sie zuvor nochmals das Recht der Reden, jene Frage so gewandt zu haben, wie sie demjenigen natürlich sei, in welchem das persönliche Interesse schon durch die Unterordnung unter das zum Bewußtsein der menschlichen Gattung und Natur veredelte Selbstbewußtsein gereinigt sei, vertheidigt hat, damit schließt, daß sie den ohne Umschweise fromm nennt, der an ein ewiges Leben des Geistes glaubt, ohne irgend eine Art und Weise ausschließen zu wollen, also auch die unpersönliche Art nicht, d. h. die Annahme der Ewigkeit des Geistes in Form der Gattung. Bis hieher hören wir immer noch den Geist, aus dem die Systeme der Ethik und Dialektik geboren. Aber Chr. Gl. II. p. 474 führt Schl. den Glauben an die Fortdauer der Persönlichkeit als mit dem christlichen Glauben an den Erlöser zusammenhängend ein. Denn wenn dieser, heißt es daselbst, sich selbst eine solche zuschreibt in Allem, was er von seiner Wiederkunft oder Wiedervereinigung mit den Seinigen sagt, so folgt, da er dies nur von sich als menschlicher Person sagen kann, daß - vermöge der Selbigkeit der menschlichen Natur in ihm und in uns - dasselbe auch von uns gelten muß. Dieser Satz ist äußerst apoditisch: aber beruht diese Apodikticität nicht vielleicht auf einem Scheine? Schl. bemerkt ausdrücklich Chr. Gl. II. p. 475, daß auch ohne diesen Glauben der Glaube an Christum, so wie er ihn in seiner Glaubenslehre dargestellt habe, möglich bliebe, denn wenngleich die gedachte Verzichtleistung auf die persönliche Fortdauer etwas Gemeinsames zwischen Christo und uns wäre, so würde doch der eigenthümliche Unterschied zwischen Christo und uns deshalb nicht nothwendig aufgehoben. Er stellt ferner den Lehrsatz von der Unsterblichkeit unter die Lehre von den letzten Dingen, von welcher er Chr. Gl. II. p. 481 bemerkt, daß sie nicht demselben Werth hätte, wie die übrigen Lehrsätze, und daß sie nur anzusehen sei (p. 482) als Versuch eines nicht hinreichend unterstützten Ahnungsvermögens, die er darum unter dem Namen „Prophetisches Lehrstück" mit den Gründen dafür und den Bedenken dagegen aufführen wolle.

Auf Grund des hier Gesagten glauben wir uns zu dem Schlusse berechtigt, daß in Schl's metaphysischer Welt- und Lebensauffassung die Annahme einer ewigen Existenz der Individualität als integrirendes Moment nicht enthalten gewesen, sondern seine Setzung derselben in der Glaubenslehre nur resultirte aus einem Osciliren zwischen seiner eigenften, subjectiv philosophischen Auffassung alles Seins und der christlichen Werthlegung auf die ewige Dauer der Individualität, aber so, daß trotz dieses Oscillirens der Schwerpunkt seiner Anschauung doch unverrückt ruhen blieb in jener philosophisch gewonnenen Verhältnis= bestimmung zwischen dem Individuellen und dem Universellen, zwischen der einzelnen Persönlichkeit und der alleinheitlichen Vernunft.*)

Wir haben demnach alle jene für den Pantheismus charakteristisch genannten Züge auch bei Schl. gefunden. Wir kommen nun zu der Hauptfrage, zu der nach der völligen Immanenz Gottes in der Welt und der Welt in Gott. Diese läßt sich aus jenen blos secundären Zügen noch nicht endgültig entscheiden. Daß wir deren Betrachtung aber nichts desto weniger in ausführlicher Besprechung vorausgeschickt, das hat seinen Grund in der Erwägung, daß sie, für sich im Voraus klar gestellt, doch immerhin eine nicht unerhebliche Instanz bilden zur richtigen Beantwortung jener Cardinalfrage, wenn die von Schl. über diese selbst gegebenen Erörterungen der klaren, consequenten Durchbildung etwa ermangeln sollten. Treten wir nun an diese Frage selbst heran. Wie bestimmt Schl. das Verhältnis seines Absoluten zur Welt? Wie wir bereits sahen, findet Schl. in dem Absoluten das Band aller uns in der Erfahrungswelt gegebenen Unterschiede und Gegensätze. In ihm liegt die Verknüpfung des im Wissen und Wollen geeinten Denkens und Seins, so wie überhaupt das Bindende und Zusammenhaltende in jeglicher, sei es nun mit einem Plus des Idealen und Minus des Realen, oder umgekehrt, gegebenen Vereinigung von Idealem und Realem. Vergegenwärtigen wir uns nun, wie der Fundamentalgegensatz von „ideal" und „real", aus dem sich alle andern Gegensätze nur in Folge verschiedener Mischung jener beiden Factoren ableiten, im Grunde eine Identität ist, so kommen wir schon durch diesen einfachen Gedankengang

---

*) Ja wir meinen sogar, der individuelle Unsterblichkeitsglaube machte sich nicht einmal als realer Factor geltend in Schl's religiösem Fühlen und Empfinden. Dafür zeugt uns unter Anderm die ganze kalte Art und Weise der scharfen Dialektik, mit der er ihn in den Reden und der Glaubenslehre in seinen Ansprüchen beschneidet, und vor Allem sein Antwortschreiben an die verwittwete Henriette v. Willich auf die Todesanzeige ihres Gatten (Schl's Leben in Briefen II. p. 82 ff.), in welchem wir ihm so unmittelbar in die Seele schauen. H. v. Schl. fand in der Zermalmung ihres Herzens den einzigsten Trost in der Hoffnung, dereinst wieder mit ihrem ver lorenen Ehrenfried ganz verbunden, ganz sein zu sein. In dieser süßen Hoffnung wird sie aber durch aufsteigende pantheistische Regungen unsicher und beunruhigt. „Wenn ich denke, seine Seele ist aufgelöst, ganz verschmolzen in dem großen All — das Alte wird nicht wieder erkannt — es ist ganz vorbei — o Schleier, dies kann ich nicht aushalten, o sprich mir zu, Lieber, Lieber!" Und was antwortet er, der um directen Schutz gegen solche Kämpfe Gebetene? „Wenn Dir," schreibt er, „Deine Phantasie ein Verschmolzensein in das große All zeigt, liebes Kind, so laß Dich dabei keinen bittern, herben Schmerz ergreifen. Denke es Dir nur nicht todt, sondern lebendig und als das höchste Leben. Es ist ja das, wonach wir in diesem Leben alle trachten und es nur nie erreichen, allein in dem Ganzen zu leben und den Schein, als ob wir etwas Besonderes wären und sein könnten, von uns zu thun." „Das persönliche Leben ist nicht das Wesen des Geistes, es ist nur seine Erscheinung."

zu einer völligen Immanenz der Welt in Gott, denn dann ist die gegensätzliche Auffassung der im Grunde identischen Factoren alles Seins nur unsere That, und abgesehen von dieser ist alles Sein in seinem innern Wesen gegensatzlos, also ununterschieden von dem Absoluten, das ja eben in dieser Gegensatzlosigkeit sein Wesen hat, und ihm immanent. Damit würde dann auch sehr stimmen, was Schl. sowohl in den Reden als in der Glaubenslehre von der Erfassung des Absoluten im Gefühle sagt, insofern er dieselbe dadurch ermöglicht werden läßt, daß alle Unterschiedenheit nicht blos zwischen dem Ich und der Welt, sondern auch zwischen dem Ich mit der Welt einerseits und der Gottheit andrerseits aufgehoben wird. Dieser Gedanke der Immanenz der Welt in Gott ist es, aus dem heraus Schl. (Reden über Relig. p. 46) von dem allgemeinen Sein alles Endlichen im Unendlichen reden kann. Das Gegenstück nun zu diesem Gedanken ist — dieselbe Sache blos von der entgegengesetzten Seite angesehen — die Immanenz Gottes in der Welt. Betrachten wir diese nun noch, abgesehen davon, daß sie sich aus ihrem Correlate von selbst ergibt, für sich, so finden wir sie da ausgesprochen, wo Schl. ausdrücklich ein Sein Gottes in uns und in den Dingen behauptet (D. p. 154—56). Er findet hier das Sein der Ideen und das Sein des Gewissens in uns als ein Sein Gottes in uns. Dieses ist ein Sein der Ideen in uns, nicht inwiefern sie sich in einzelnen Vorstellungen realisiren und als solche einen Moment im Bewußtsein erfüllen, sondern nur inwiefern sie dieselben produciren und in ihrer Gewißheit die Identität des Idealen und Realen aussprechen: und es ist ein Sein des Gewissens in uns, nicht inwiefern sich dieses in einzelnen Handlungen documentirt, sondern inwiefern es in der sittlichen Ueberzeugung die Uebereinstimmung unseres Wollens mit den Gesetzen des äußern Seins und also eben jene Identität bekundet. Und in den Dingen ist das Sein Gottes, insofern in jedem einzelnen vermöge des Seins und Zusammenseins die Totalität gesetzt ist und also der transcendente Grund derselben mit, und vermöge seiner Uebereinstimmung mit dem System der Begriffe ist auch in jedem die Identität des Idealen und Realen, also auch der transcendente Grund, gesetzt.

Ist nun diese Immanenz Gottes in der Welt eine theilweise oder völlige? Das ist die weitere Frage, die sich uns erhebt. In Betreff derselben bemerkt Schl. ausdrücklich, daß uns ein Sein Gottes außer der Welt gar nicht gegeben sei (D. §. 216). Denn wäre dies der Fall, so wäre Gott und Welt für uns vorläufig getrennt. Alsdann aber wäre Zweierlei möglich. Entweder Gott und Welt träfen ohnerachtet ihres Getrenntseins auf allen Punkten zusammen, oder sie träfen nicht zusammen, sondern das Sein Gottes ragte über die Welt hinaus. Bei der ersten Annahme müßte die Welt, welche die Form des Raumes und der Zeit an sich trägt, als eine unendliche gesetzt werden, welche Unendlichkeit sie weder als abhängig, noch als eines transcendenten Grundes bedürftig erscheinen lassen und sie darum in ihrem Begriffe aufheben würde. Bei der zweiten Annahme aber, meint Schl., würde sich fragen, ob das ganze Sein Gottes, welches über die Welt hinausragt, von demjenigen differirt, welches in ihr abgebildet ist. Im bejahenden Falle wäre dann in Gott eine Differenz gesetzt und er also nicht die absolute Einheit. Im verneinenden Falle könnte auch das Sein der Welt nicht in ihm begründet sein, weil sonst auch der über das Sein der Welt hinausragende Theil seines Seins weltbegründend und also die Welt adaequat sein müßte, wodurch man auf das Vorige, d. h. auf die Auf- hebung des Begriffs der Welt zurückkäme.

Diesem Gedanken der völligen Immanenz des Absoluten in der Welt widerspricht nicht, daß Schl. demselben eine Transcendenz vindicirt, denn mit der Behauptung dieser Transcendenz will er es nur dem Gebiete der Erkenntnis entrücken. Von diesem Gesichtspunkte aus nennt er wie die Idee der Gottheit so auch die der Welt eine transcendente oder transcendentale. Auch die Idee der Welt liegt nach ihm außerhalb unseres realen Wissens, und zwar deswegen, weil der Proceß, den der organische Factor unserer Erkenntnis zu ihrer Erfassung durchmachen müßte, ein unendlicher ist (D. p. 163). Sie bleibt immer ein unausgefüllter Gedanke, zu dem das organische Element nur in entfernten Analogien besteht (D. p. 161). Alle wirklich vollzogenen Vorstellungen von der Welt sind ebenso inadaequat und ebenso bildlich wie die von der Gottheit. Der Unterschied in dem transcendentalen Sein beider Ideen ist nur der (D. §. 222), daß die Idee Gottes der transcendentale terminus a quo und das Princip der Möglichkeit alles Wissens an sich ist, die Idee der Welt dagegen der transcendentale terminus ad quem und das Princip der Wirklichkeit des Wissens in seinem Werden. Während die Idee der Gottheit allem einzelnen Wissen als die absolute Einheit von Denken und Sein zu Grunde liegt, ihm so seine Möglichkeit verleiht, ist die Welt dasjenige, was dem realen Wissen seinen bestimmten Inhalt verschafft. Die Idee der Welt ist „daher auch wirklich als vor- schwebendes Schema gleichsam das praktisch transcendentale Princip des Wissens, denn wir schreiten absichtlich vor, um diese Idee zu Stande zu bringen." Der Idee der Gottheit kommen wir weder dadurch näher, daß sich das Wissen ausdehnt, noch dadurch, daß es sich vervollkommnet, denn sie ist in jedem Acte des bestimmten Wissens gleich sehr gegeben. Sie ist in vielen Acten nicht mehr als in einem. Sie ist das ruhende Princip des Wissens. Von der Idee der Welt hingegen kann man sagen, daß die ganze Geschichte unseres Wissens eine Approximation dazu sei. Denn man kommt ihr wirklich näher durch extensive und intensive Vervollkommnung des Wissens, je mehr sich empirisches und speculatives durchdringen.

Ziehen wir nun die Consequenz dieser Erörterungen in Bezug auf das Verhältnis dieser beiden Ideen zu einander, so bezeichnet sie uns Schl. als Correlata (D. §. 219), als zwei Werthe, von denen keiner ohne den andern gesetzt werden könne, sondern für deren Auf- stellung der Canon gelte: „Kein Gott ohne Welt, so wie keine Welt ohne Gott" (D. p. 432) und „Gott die Einheit mit Ausschluß aller

Gegensätze und Welt die Einheit mit Einschluß aller Gegensätze."
Wollen wir nun diese Formeln real füllen und sie mit den vorher ent-
wickelten Grundgedanken seines Systems in Einklang bringen, so sehen
wir als die einzige Consequenz eine solche Fassung der Begriffe Gott
und Welt, daß dieselben nur als zwei verschiedene Bezeichnungen ein
und desselben Seins, des absolut Unendlichen und Indifferenten, gesetzt
werden, zwei Bezeichnungen, deren Verschiedenheit sich erklärt aus der
Verschiedenheit des Ausgangs = und Betrachtungspunktes. Dasselbe
unendliche Sein, das wäre Schl's consequenter Gedanke, welches unserm
Alles in Gegensätzen auffassenden objectiven Bewußtsein als Einheit mit
Einschluß aller Gegensätze erscheint, dasselbe unendliche Sein ist in
seinem Ansichsein und in seinem Gegebensein im unmittelbaren Selbstbewußtsein die Einheit mit Ausschluß aller Gegensätze. Wir stützen die
Behauptung der logischen Nothwendigkeit der Setzung dieses ungefärbt
monistisch pantheistischen Gedankens auf die metaphysischen Grund-
anschauungen, wie sie uns bei Schl. entgegengetreten sind, die Verhältnis-
bestimmung des Individuellen zum Universellen, nach welcher jenes blos
vorübergehende Manifestation ist von diesem, die doppelte, gegensätzliche
und gegensatzlose Betrachtung alles Seins, die Leugnung des bewußten
Ich in Gott, die Indentificirung von Wollen und Können, von Denken
und Sein in demselben, zusammengehalten mit der These der völligen
Immanenz Gottes und der Welt. Ferner spricht entscheidend für unsern
Satz die Erwägung, daß die Gottheit als absolute Indifferenz gar keine
Unterschiedenheit von der Welt verträgt, denn dadurch würde sie ja aufgehoben in ihrem Begriffe, vermöge welches sie nicht blos keinen Gegensatz im Innern, sondern auch keinen nach Außen haben darf.*)
Aber trotzdem diese pantheistische Identificirung von Gott und Welt
uns als die durchaus nothwendige Consequenz bei Schl. erscheint, ver-
wahrt er sich doch auf das Entschiedenste gegen dieselbe. Er stellt an
mehreren Stellen ausdrücklich diese Identität in Abrede (D. §. 219; 224
alinea: Vorl. 1818 D. p. 168; p. 433). Zu der Formel: „Gott nicht
ohne die Welt, die Welt nicht ohne Gott," fügt er als Correlat die
andere: „Beide Ideen sind nicht zu identificiren." Und diese letztere
Bestimmung hat nicht etwa den Sinn, daß diese beiden Ideen als Ideen
nicht zu identificiren seien, wenn ihnen gleich ein und dasselbe Sein zu
Grunde läge, von dem sie nur zwei verschiedene Reflexe in dem auffassenden Subjecte wären, wie es vielleicht nach D. p. 433—34 scheinen

---

*) Gegen diesen pantheistischen Schlußgedanken seines Systems ist von seinen
Prämissen aus auch der Einwand nicht zu erheben, daß nach Schl. das absolute
Abhängigkeitsgefühl einen Unterschied von Gott und Welt verlange, da er von diesem
ausdrücklich bemerke (Chr. Gl. 1, p. 18, 20), daß es der Welt und den Naturkräften
gegenüber nicht vorkomme, woraus hervorgehe, daß er hier Gott und Welt streng
unterscheiden müsse. Allein erklärt sich auch jene Anschauung bei ihm nur aus einer
solchen Unterscheidung, so bleibt es aber doch trotz derselben immer noch unentschieden,
ob es nicht ein und dasselbe Sein ist, von dem als Welt betrachtet der Mensch sich
nur relativ, von dem als Gott, als absolute Indifferenz betrachtet, er sich aber schlechthin abhängig weiß.

könnte, sondern Schl. leugnet auch bestimmt die Identität des ihnen ent=
sprechenden Seins, denn er sieht jenen Canon als feste Schutzwehr gegen
den Pantheismus an. (D. p. 168.)

Aber wie vermittelt denn nun Schl. dieses neue Glied der Gedanken
mit der oben aufgewiesenen, streng gegliederten Kette seines Systems?
Die Antwort ist kurz. Er hat es nicht innerlich damit vereint und eine
solche Vereinigung auch nicht gesucht. Er glaubt sich auch zu einer
genauern Bestimmung als: „Weder gänzliche Identification noch gänzliche
Trennung beider Ideen" nicht genöthigt (D. p. 168). Die blos logisch
zu setzende Formel „Gott die Einheit mit Ausschluß aller Gegensätze
und die Welt die Einheit mit Einschluß aller Gegensätze" genügt ihm,
obschon er sie nicht anders real füllen zu können eingesteht als mit der
Formel: „Kein Gott ohne Welt so wie keine Welt ohne Gott," von der er
jedoch wiederum selbst offen bekennt, daß es kein positiver Ausdruck sei.
(D. p. 432 f.)

Woher kommt nun dieses der Consequenz entbehrende Element seiner
Metaphysik? Schl. selbst führt Gründe dafür an, daß er keinen positivern
Ausdruck des Verhältnisses der beiden Ideen geben könne, d. h. daß er
sie auch nicht identificiren könne. So sagt er D. p. 433, daß wir beide
realiter nicht identificiren könnten, weil beide Ausdrücke nicht identisch
seien. Allein dieser Gedanke bietet keine Abwehr jener von uns als
nothwendig bezeichneten Consequenz, denn wenn auch die beiden Aus
drücke nicht identisch sind, so könnten sie trotzdem die Reflexe von ein
und demselben Sein in uns sein. Durch diesen selbigen Einwand er=
ledigt sich auch der D. §. 219, 1 gegen die Identificirung beider Ideen
vorgebrachte Grund, daß nämlich in Gedanken Gott immer als Einheit
gesetzt sei ohne die Vielheit, die Welt aber als Vielheit ohne Einheit,
die Welt Raum und Zeit erfüllend, die Gottheit aber raum= und zeitlos.
Als ferneren sachlichen Grund (D. p. 168; 434) führt er an, daß man
bei der Identification auf die Formel natura naturans oder eine ähn=
liche käme, wobei dann das Transcendentale nicht die ursprüngliche, sondern
nur die aus dem Zusammenfassen der Gegensätze entstandene Einheit
wäre. Allein diese Formel natura naturans würde Schl. nur bekommen,
wenn er die Idee Gottes ganz fallen ließe und nur die Idee der Welt
festhielte. Eine wirkliche Identification der beiden in der angegebenen
Weise würde dieses Resultat nicht ergeben.

Aber wir sind auch gar nicht der Ansicht, daß wirklich diese vor
gebrachten Gründe es waren, welche Schl. jenes seinen pantheistischen
Grundgedanken heterogene Element festhalten ließen. Diese Meinung
ergibt sich uns aus der Thatsache, daß, wie wir erkannt, jeder materiale
Factor seines philosophischen Systems mit der consequenten pantheistischen
Spitze desselben in bester Harmonie stehen würde; sodann aus der
Möglichkeit, jenes Element aus dem historischen Werden seines Systems
und aus der Eigenthümlichkeit seiner für die verständnißvolle Wür=
digung seines philosophischen Denkens wohl zu berücksichtigenden Per
sönlichkeit erklären zu können.

Schl. nahm in der philosophischen Entwicklung seinen Ausgang von Kant, dessen Studium er lange Jahre hindurch eine angestrengte Thätigkeit widmete (cf. Dilthey: Leben Schl's I. p. 83). Er acceptirte das negative Resultat der Kritik der reinen Vernunft, wie er denn auch dem entsprechend in der nach Kantschen Principien bearbeiteten Erkenntnislehre der Dialektik das Absolute als nicht in das Gebiet des realen Wissens fallend hinstellt. Aber schon früh hatte Schl. in seiner Lehre vom höchsten Gute, aus welcher er die Kantsche Theorie der Glückseligkeit eliminirt wissen wollte, und in seinem zunächst unabhängig von Spinoza gewonnenen Determinismus (cf. Dilthey ibid.: Anhang: Denkmale der innern Entwicklung Schl's p. 6—46) mit Kants Kritik der praktischen Vernunft gebrochen. Dann wird er mit Spinoza bekannt (cf. Dilthey, ibid. p. 147), und zieht aus diesem als Grundgedanken, daß es ein Unendliches gebe, innerhalb dessen von Ewigkeit her alles Endliche gewesen, und zwar meint er hiermit nicht über die kritische Philosophie hinausgegangen zu sein, sondern erst jetzt ihre Wahrheit gefunden zu haben. Diesen in den Reden durchklingenden Spinozismus kleidete er dann später in das Gewand, in welchem Schelling in der Periode des Identitätssystems in den verschiedenen von 1802—1803 erschienenen Schriften denselben in seiner Philosophie erneuerte, mit der Bezeichnung seines Absoluten als völliger Indifferenz von Subjectivem und Objectivem, Geist und Natur, mit welcher er zugleich einer großen naturphilosophisch pantheistischen Richtung an der Schwelle unseres Jahrhunderts ihren Ausdruck verlieh. Indem Schl. diese Fassung des Absoluten, seines Verhältnisses zur Natur und zum Geiste, und der Natur und des Geistes in ihrer Beziehung zu einander, wie sie sich bei Schelling in jener Zeit findet, aufnahm, meinte er auch mit dieser noch auf dem Boden der kritischen Philosophie zu stehen. Er spricht noch immer wie ein Kriticist von der Unerkennbarkeit Gottes, und ist doch bereits entschiedener Dogmatist geworden. Dieser Dogmatismus zieht sich bereits durch die Grundlage der Erkenntnistheorie als des Erweises für die Unerkennbarkeit Gottes hindurch. Während Kant die Erkennbarkeit der Gottheit bestritt, weil sie nicht in den Bereich der Erfahrung falle, nie für unsere Sinnlichkeit gegeben sein könne, verneint sie Schl., weil die Gottheit als etwas absolut Gegensatzloses unserm gegensätzlich denkenden Bewußtsein nicht zugänglich sei. Er legt also bereits ganz dogmatisch in demselben Gedankenzuge eine bestimmte Fassung Gottes zu Grunde *), in welchem er seine Erfaßbarkeit für unser Denken in Abrede stellt. Dieser dogmatisch pantheistische Identitätsstandpunkt hat nun, wie wir sahen, alle materiellen Elemente

---

*) Wir weisen besonders hin auf diese Thatsache, daß aller Behauptung Schl's, es seien dem Denken nur Negationen über die Gottheit möglich, doch stets eine ganz ausdrückliche Position und bestimmte Fassung Gottes zu Grunde liegt, um uns vor dem Vorwurfe zu schützen, als hätten wir da, wo wir Schl. ganz bestimmte Aussagen über die Gottheit in den Mund legen, vergessen, daß er doch selbst mit Emphase hervorgehoben, es seien gar keine Aussagen über dieselbe zu machen.

seines Systems durchdrungen, oder dieselben vielmehr aus seinem Principe
heraus gestaltet, aber auf der höchsten Spitze dieser Weltanschauung
regte sich noch einmal in ihm der Geist der vermeintlich noch immer
festgehaltenen kritischen Philosophie mit deren These von der Unfaßbarkeit
Gottes im Wissen, und ließ ihn das Setzen einer Identität und eines
Gegensatzes zwischen den Ideen Gottes und der Welt auf gleiche Weise
für ein unstatthaftes (D. p. 166) Hinausgehen aus dem realen Denken
erklären, während er sie material bereits unbewußt identificirt hatte und
sie bewußt nothwendig hätte identificiren müssen. Diese äußere, aus
der Geschichte genommene Erklärung für die mit dem pantheistischen
Geiste der Schl.'schen Philosophie eigentlich unvereinbare, aber doch mit ihm
verbundene antipantheistische These von dem gegenseitigen Verhältnisse
Gottes und der Welt, muß noch ergänzt werden durch eine innere, aus
seiner Persönlichkeit genommene. Wenn je bei einem Philosophen so
war bei Schl. der Charakter des Mannes die Philosophie desselben.
Es war seine Charakterenergie, die ihn in seiner Philosophie dem Ich,
der Individualität, die unendliche Bedeutung und Geltung vindiciren,
es war seine warme und innige Religiosität, die ihn das absolute
Abhängigkeitsgefühl zum Principe seiner Glaubenslehre machen, es war
der kritische Geist, seiner Natur, der ihn Alles Identische in Gegensätze zerfällen und diese wiederum zu „fließenden" abschwächen
ließ, und der ihn darum die Ideen Gott und Welt in der Theorie
weder absolut identificiren noch absolut trennen ließ, obschon er
in Folge des mystischen Zuges seiner Natur materialiter das Erstere
bereits gethan hatte. Es war eben sein Mysticismus, der ihn zu
dem schellingisch gefärbten Spinozismus mit Macht hinzog, und der
ihn seine absolute Indifferenz so ohne Bedenken stets festhalten ließ.
Während Schelling selbst, der Autor dieses Gedankens, sich bald uner-
müdlich abmühte, um dieselbe in Fluß zu bringen, die endliche Welt
mit der Fülle ihrer Erscheinungen aus ihr, dem Unendlichen, abzuleiten,
und er so durch dieses Streben über jenen Standpunkt hinausgetrieben
wurde, hatte Schl. kein Bedürfnis, ihm hierin zu folgen. Sein mystische
Natur war vollständig befriedigt, hatte, was sie suchte. Aber wenn er
meinte, mit dem Mysticismus, und zwar nur mit demselben, consequent
sein zu können*), so dürfen wir diese Meinung nach der gegebenen Darstellung ohne Anstand als eine irrige bezeichnen.

---

*) cf. Dilthey, ibid.: Denkm. d. inn. Entw. Schl.'s p. 72: „Ohne Mysticismus
ist es nicht möglich, consequent zu sein".